序章

三人の主人公

支配的な価値観をひっくり返し、支配—抑圧的な関係性をひっくり返す。半世紀近く前に、これを実際に行った三人を巡る物語を書いてみたい。

ブラジルで、大地主に搾取されていた小作人たちに識字教育をするなかで、『被抑圧者の教育学』を書き上げ、抑圧された側の主体性を取り戻す問題解決型教育の理念を世界中に拡げたパウロ・フレイレ。スウェーデンの知的障害者の入所施設における構造的問題に取り組むなかで、アメリカの「大統領委員会」に招かれ、「ノーマライゼーションの原理」を書き上げ、施設の論理を破壊したベンクト・ニィリエ。精神病院の隔離収容構造そのものを問題視し、「自由こそ治療だ」というスローガンの下で、イタリア中の精神病院廃絶の法制定の原動力になったフランコ・バザーリア。

一九二一年にブラジルで生まれたフレイレ、一九二四年にスウェーデンで生まれたニィリエ、そして同じく一九二四年にイタリアで生まれたバザーリア。同世代に生まれた三人だが、直接の出会いや交流はないし、思想的に直接影響を与え合った形跡も見られない。ゆえに、これまでこの三人がセットで語られることはなかった。だが、単に同時代に生まれた人、というだけでなく、実践内容やそれが及ぼした社会への影響力、形成されていく思想や哲学、および生き様をつぶさに眺めていくと、少なからぬ類似性や関連性が見出される。

フレイレの『被抑圧者の教育学』が出版されたのが一九六八年。ニィリエの「ノーマライゼーションの原理」が最初に発表されたのが一九六九年。バザーリアはちょうどその頃、ゴリツィアの精神病院で病院の開放化を進め、精神医療改革だけでなく、イタリア学生運動でのリーダー的な存在であった。

この一九六〇年代終わりといえば、世界各地でこれまでの支配体制への異議申し立てが行われ、学生を中心とした社会運動が大きなうねりとなった時期である。この時期に四十代後半を迎えた三人は、当時の知識人ではあったが、アンシャンレジーム（旧体制）の守護神として攻撃される側ではなく、抑圧的な教育や、入所施設・精神病院での管理支配といった、当時の社会で「当たり前」とされてきたことに公然と異議を唱え、それ以外の方法論を提示した、ある種の闘志であり社会改革のリーダー的存在であった。

であるがゆえに、フレイレは一九六四年に、当時のブラジル軍事政権に「国際的破壊分子」として捕らえられ、以後十数年間は亡命生活を余儀なくされ、ニィリエは一九七〇年に自らが所属していたFUB（スウェーデン知的障害児童・青少年・成人同盟＝知的障害者の親の会の全国組織）から半ば追放される。バザーリアはゴリツィアの精神病院を一九六八年に去らざるを得なくなる。つまり、三人は当時の既得権益層にとっては、あまりに危険分子であり、放っておけない・追放すべき対象者でもあったのだ。

本書では、三人が何をどのように「ひっくり返した」のか、それはなぜ実現できたのか、を追いかけながら、半世紀後の私たちが彼らの思想と実践のプロセスから学べる現代的課題とは何か、を掘り下げて考えてみたい。

本書の構成

この本は大きく分けて、四つのパートから構成される。第一章から第三章まではバザーリアの精神医療改革を、第四章から第六章まではニィリエの「ノーマライゼーションの原理」生成史を、第七章から第九章まではフレイレ思想の核である対話や意識化を、それぞれ掘り下げていく。第十章および終章は、これまでの議論をまとめ上げていく内容になっている。

三人は世界的な著名人であり、『希望の教育学』（フレイレ）、『ノーマライゼーションの原理』『再考・ノーマライゼーションの原理』（ニィリエ）、『精神病院のない社会をめざして』（バザーリア）、といった自伝的著作も日本語訳されている。また三人の理論や実践については、里見実氏の『パウロ・フレイレ「被抑圧者の教育学」を読む』（太郎次郎社エディタス）、河東田博氏の『ノーマライゼーション原理とは何か』（現代書館）、大熊一夫氏の『精神病院を捨てたイタリア　捨てない日本』（岩波書店）など、日本に紹介した第一人者による解説書も出ている。関連書・論文もたくさん刊行されている。

では、この本でしようとしているのは、「屋上屋を架す」ような愚行なのだろうか。

そうではない。この本では、ポリフォニー（多声的）であることを目指した。第八章で詳述するオープンダイアローグの考え方の中核に、このポリフォニーというものがある。

ポリフォニー的現実においては、語られている事柄は、新たな会話において新たな意味を得る。語り合っている事柄についての新たな言葉が生まれるのである。語り合っている人たちは、自らの社会的意味や社会的アイデンティティをつくりだしているのである。それらは、文脈が違えば異なったものになるのだ。（セイックラ&アーンキル、二〇一六：一〇九頁）

本書の元になる連載を雑誌『季刊福祉労働』で三年にわたって書き続けるなかで、「新たな会話において新たな意味を得る」場面に何度も遭遇した。三人とも既に故人であり、僕自身は二〇〇四年にニィリエ氏に一度会っただけである。ということは、「会話」といっても生身の個人とのリアルな会話ではなく、三人が語ったテキストとの「会話」である。だが、三人のテキストを何度もなんども読み直すなかで、僕自身の「内なる声」とも繰り返し対話を続けてきた。三人のテキストとの「水平の対話」を重ねるなかで、僕自身の中での「垂直の対話」も深まっていった。既に先達によって何度も論じられてきたテーマに関しても、これまで重ねて論じられることのなかった三人の思想を交錯させることにより、「語り合っている事柄についての新たな言葉が生まれ」てきたのだ、と僕自身は感じている。

そして願わくば、読者のあなたの手元で、この本を通じて「新たな意味」が生まれてくるなら、著者としてこれほど嬉しいことはない。三人のことを全く知らない人にとっても、あるいはよく知っている人にとっても、「語り合っている事柄についての新たな言葉が生まれる」ことを願って、本書への誘いとさせて頂く。そんな「ポリフォニー的現実」に、ようこそ！

第一章　アッセンブレアと対話

アッセンブレア、とは何か（注1）

自分の発する言葉が、相手にしっかり受け止められる。ちゃんと聴いてもらえる。人間の自尊心や承認欲求を満たす前提に、この「言葉が肯定的に受け止められる経験」というのがある。裏を返せば、その言葉が否定的に解釈されたり、あるいは無視されたりする空間では、自分が承認されていないと感じ、自尊心は満たされず、自己肯定感も育まれない。

長らくの間、精神病院(2)という閉鎖空間は、誰にもまともに話を聴いてもらえない、自分の語りが承認されない空間だった。だが、後にイタリアの精神病院を閉鎖の道に導くフランコ・バザーリアが、最初に精神病院の院長になったゴリツィアで一九六〇年代当初から始めたアッセンブレアという集まりでは、それまでの精神病院の常識が覆された。以下、しばらくの間、バザーリアの肉声を伝える英語論考を紐解きながら、考察していきたい(3)。

アッセンブレアとは、患者たちの間で議長が持ち回りになる、患者とスタッフの集まりであった。これは、患者や訪問者、街の住人など誰でも出入り自由であり、誰も参加を強制されていない自発的なイベントであった。看護師や医師、患者を分けるような形式的な区別は何もなく、議論する中身はフロアから出され、主に患者のニーズが話題の中心となった。そういった話題の中には、患者が個人として話したいことと、集団で討論したい内容のどちらも含まれていた。それらの集まりは、イギリスやアメリカの治療共同体（訳注：病気の治療のために、治療者と患者が同じ場所で暮らし、グループでミーティングなどを重ねていく手法）の構成要素の一部である、一般的なミーティングとは明らかに異なっていた。イタリアのアッセンブレアとは、衝突のステージであった。というのも、ベッドに縛られたり閉鎖病棟に隔離されていないとしても、長年沈黙を強いられた人々による表現であったからだ。アメリカやイギリスの治療共同体とは違って、アッセンブレアにおいては、精神力道的な（訳注：フロイト流の精神分析に基づく）解釈をすることや、治療プロセスに主な関心を向けることは避けられた。つまり、そのミーティングは、スタッフによって運営も誘導もされなかったのである。実際、これらの集まりはまとまりもなく、制御不能で、怒りや情熱、不合理に開かれていた。そこは、他人との関係や、自分自身の精神的な問題について控えめな表出をするための安全な場所以外の何ものでもなかった。（Scheper-Hughes and Lovell eds. 1978:14-15）

治療共同体でのミーティングは、治療を目的としたものであり、感情表出も治療に関連付けられ、スタッフが統制する場である。だが、アッセンブレアは、患者のニーズが中心的な話題になり、患者が自分自身を表明する安全な場所である。逆に言えば、これまで治療目的以外で自分自身の内面を表現できる安全な場所が精神病院の中にはなかった。いや、精神病院の中だけではない。精神病とラベルが貼られた段階で、その言動は全て「異常なもの」「オカシイもの」と査定され、まともに意見を聴いてもらえなかったのである。

バザーリアと共に働いていた医療関係者は、こうも述べている。

最初のアッセンブレアは大混乱だった。参加者たちは、権力を巡る情熱的な闘いや苦しみ、敵意が言葉や身体的な攻撃の双方を通じて現れるなかで、あえいでいた。全ての人が自分の気持ちを話す権利があり、最も抑圧され退行していた患者が最初に口ごもったフレーズを話すように促され、せん妄状態のスピーチですら非難されることなく受け入れられるようなこの集まりのことを、ある種の管理者たちは軽蔑していただろう。（前掲書：一五頁）

これまで自分の本心を話さなかった人が、自分の気持ちを初めて口にするとき、それまでの抑圧的環境が強いほど、恨みや苦しみなど、怒りの感情が表面化される。アッセンブレアを始めた当初、それらが噴き出した空間は、確かに混沌としていただろう。また、管理者たちが、その統制されない空間を前にして、これまでの秩序だった空間との違いに、軽蔑の眼差しを向けたのも、容易に想像できる。だが、これは利用者にとっても、大きな違いであった。

患者の中には、アッセンブレアにおいてはじめて、自分自身の怒りに満ちた不満がそのものとして受け止められた機会となった人もいる。精神病に関する本質的に意味のない徴候と片付けられずに、人間的なニーズが満たされるための正当な要求として受け止められたのだ。そういった気付きや変化は、少しずつ、グループの中でなされていった。例えば、部屋に入ることを拒む患者によって、集会は当初、妨害されることがあった。というのも、その患者は窓越しに叫ぶのだと強く主張したからだ。最初は頭が混乱している患者の困った妨害だと片付けられていたのだが、徐々に、そこに集まる人々にとって、彼の表現は異なって映り始めてきた。その患者が窓越しに叫んでいるのは、彼が狂っているから、ではない。あえて彼は窓越しに異議申し立てをしているのである。彼はまた、異議申し立てを通じて自らの力を取り戻すためにアッセンブレアを活用する方法を見つけたのであり、彼の抗議はそれ以来、正当なデモであり、彼の権利の行使であると評価されるようになった。(前掲書：一五頁)

部屋に入ってきてもよい、と言われているのに、窓越しに叫ぶ。これは、一見すると「狂っている」「邪魔している」「やっかいものだ」とラベルを貼られがちな行為だ。でも、彼がなぜ窓越しに叫ぶことにこだわるのか。その彼の内在的論理(その人の内側に存在する論理：第七章で詳述)に着目すると、集会が行われる部屋の外部から、自らの「怒りに満ちた不満」を「抗議」という形で表明したい、という真っ当な理由が見えてくる。それに集会の参加者たちが気付き始めると、「妨害」は「彼の権利の行使」へと認識が変わる。このような、人々の言動に関するラベルの貼り替えが、少しずつグループの中で、アッセンブレアという場を通じて進んでいった。

ある人の表現の表層だけを捉えるのではなく、なぜ・どのようにそれを表現しているのかを、そこに集まる人々が共に考え合う場。だからこそアッセンブレアでの議論は、やがてその表面的なラベル自体がどのように社会的に構築されてきたのか、というラベルの内在的論理の解明へと進んでいく。

否定の弁証法

アッセンブレアで生成しはじめたのは、行為の結果に関する責任の集団化であった。個々人の問題は分析され、施設的な（institutional）用語へと翻訳された。否定の弁証法（the dialectical method of negation）というのが、アッセンブレアで問題が解決されたやり方をおそらく最も体現するであろう。ゴリツィアのある女性患者は、電気ショック治療をしてほしいと表現する手段としてアッセンブレアを用いた。ついにその日の議長である患者が、「なぜあなたは罪をおかしたと感じるのですか?」「なぜあなたは罰せられることを望むのですか?」と尋ねた。その後の熱を帯びた議論のなかで、参加者たちは女性の罪悪感を、精神分析的な用語ではなく、施設的な用語で解釈した。つまり、全ての患者は、いろいろな折に、自分たちが閉じ込められていたことへの説明を探していたのだ。彼らは閉じ込められていたのだから、法を破ったにちがいなく、おそらく処罰を受けるのも当然である、と。この不条理な施設の論理は、今や最終的に明らかにされ、それ自体が偽物であると暴露されることにより、危機をもたらした。というのも、不正に閉じ込められていたことに対する患者の長く抑圧された怒りが、表現として認められたからである。刑務所としての病院は、無効化（negate）されなければならなかった。（前掲書：一五−一六頁）

「否定の弁証法（the dialectical method of negation）」とは、これまで正当とされてきたことを否定することから始まる弁証法である。アッセンブレアで「電気ショック療法をしてほしい」という自らの望みを伝えた女性患者。その発言を単なる治療上の要望と受け取らず、そこにどのような「否定」の論理が働いているのか、を分析していく。「なぜあなたは罰せられることを望むのですか？」という問いかけを続け、集団で考え合うなかで、その女性個人の「病理」や「精神分析的な課題」に見えるものの背後に、「不条理な施設の論理」が潜んでいることを、アッセンブレアでは明らかにしていく。「閉じ込められていたのだから、法を破ったにちがいなく、おそらく処罰を受けるのも当然である」

この論理構造は、「閉じ込められた」という現実を起点に、閉じ込められている場所は実質的に「刑務所」的な場所なのだから、「法を破ったにちがいなく、処罰を受けても当然」という帰結を受け入れていく。だが、この論理前提が「不条理な施設の論理」であることが白日の下にさらされることで、「自分たちが閉じ込められていたことへの説明」も反転する。

これまで「閉じ込められる自分」が悪い、と諦めてきたことに対して、「患者の長く抑圧された怒り」を表現することもアッセンブレアでは許される。そこから初めて、自らは「不正に閉じ込められていた」と認識することが可能になる。これは、「閉じ込められてきた」という「行為の結果に関する責任」を「法を破ったにちがいなく」と個人化するのではなく、「集団化」し、その贖罪意識から個人を解放・反転させる力をもっていたのである。つまり、「不正に閉じ込める」「不条理な施設の論理」こそ問題ではないか、と。

アッセンブレアは、個人的な問題それ自体を発散させる場所から、個人的な状況を集合的で政治的な状況へと翻訳する場へと徐々に進歩していった。アッセンブレアにおいて、脱施設化に関する大半の決定がなされた。その中には、個人の退院の時期や、地域や就労場所のこと、あるいは家族メンバーの役割のことも含まれていた。それらの決定は、精神医療の判断基準を用いた専門家たちの委員会によってなされることはなかった。むしろ、集合的に決められ、その大半は常識や素人の判断基準に基づいて決められていた。(前掲書:一六頁)

今まで「個人的な問題」とされてきたものの背後に「不条理な施設の論理」という「集合的で政治的な状況」がある、という認識の転換から、アッセンブレアはその目的を大きく進歩させていく。「施設の論理」に絡め取られた個々人が、その施設から出ること(＝脱施設化)に向けた話し合いが始められたのだ。しかも、「施設の論理」の判断基準ではなく、その判断基準で入れられていた入院患者たちの「常識や素人の基準」を、話し合いのなかで集合的に活用しながら、退院の時期や家族との関係、働く場のことなどが話し合われたのである。これは、「不条理な施設の論理」の「否定の弁証法」から生まれた、当然の帰結であった。

危機こそチャンス

疑いようもなく、最も強烈なエンパワメントの表現であり、責任の集団化であり、反施設的な実践がアッセンブレアで現れたのは、一九六八年であった。病院を一時外泊している間に妻を殺害した患者の一件で、バザーリアが過失致死罪で告訴されたのである。当時のイタリアで効力を発揮していた法律によれば、精神病院の院長は、病院に収容された患者の行為に関する責任を負っていた。行政当局が病院を閉鎖して、新しい院長が見つかるまで患者を移送しようとしたとき、多くの学生や地域活動家たちが病院にやってきて、病院を閉鎖しないでおこうと居座り続けた。一五日もの間、アッセンブレアではその「事件」に関して何の言及もなされなかったが、とうとうある患者が激怒してこう言った。「なぜ私たちはこの恐ろしい出来事について話すことができないんだ？　私たちみんなに責任があることに対して、バザーリアが多大な犠牲を払っているときに、どうやって私たちは黙っていればいい、というんだ？」

その後の苦悩に満ちた討論の間、参加者はみな、「悪い」患者がなしたことに対する罪の意識を持っていることが明らかになった。病院職員と患者双方にとって、その出来事は最前線を表すものであり、彼ら／彼女らが大切にしてきた全てのことを象徴するものであった。もし一時外泊の判断に失敗があったのなら、それを認めなければならないが、その失敗への責任は（誰か一人のものではなく）共有されなければならない。その事件は危機の瞬間へと導いただけでなく、反施設的な闘いに向けた突破口の瞬間にも導いた。人々は一緒にいることを望み、お互いのトラウマを感じることを望んだ。それゆえに、スタッフやボランティアたちの中には、病院の中に住み始めた者もいた。その結果、閉鎖病棟にいる「最も退行した」患者に対して、遊びや、可能な人には体操を用いて、あるいは思い浮かんだ単純なジェスチャーを用いて、関わりを持とうとする本物の努力が初めてなされた。（前掲書：一六―一七頁）

ここに書かれたように、ゴリツィアの精神病院に入院中で、一時外泊していた患者が妻を殺害する事件が、一九六八年に起こった。当時は、精神病院の全ての収容患者の監督責任が精神病院長に課されていたため、バザーリアは過失致死罪で告訴された。これは、病院長以外には責任はない、ということの裏返しでもあった。しかし、アッセンブレアとは、「責任の集団化」の試みである。病院長バザーリアだけに責任を負わせてはならない、そのまま沈黙してはならない、という声が、アッセンブレアの参加者の中から湧き起こった。

先にも述べたように、「一時外泊の判断」は、院長一人、あるいは専門家だけで決めたのではない。

アッセンブレアにおいて、患者も含めた「私たちみんな」で決めたのである。だからこそ、その「失敗の責任」もアッセンブレアで共に負う必要がある。院長にのみ過失責任と収容権限を与えてはいけない。この事件後の討議は、アッセンブレアにとって最大の危機であったが、同時にそれは「反施設的な闘いに向けた突破口の瞬間」でもあった。本当に責任を共有するためには、入院している人の内在的論理を知る必要がある。そこから、「最も退行した」とラベルが貼られた患者と本気で向き合おうとする試みが始まったのである。

その当時のイタリアの政治的運動と同様に、病院を舞台としたアッセンブレアで取り上げられたのは、基本的に権力に関するものであった。病院の入退院に関する決定権力、医師や他の医療職との関係にまつわる権力、就労状況に関する権力、そして他人を排除し烙印を押す権力について、である。普通のアッセンブレアは、毎週看護師や、他のスタッフや、患者の小グループによって開かれる五〇のミーティングの一つであった。このアッセンブレアは、批判的意識化の例として、他の病院に広がっていった。実際、アッセンブレアは、イタリアの反施設実践をまとめ上げる最も重要な集合的な動きの一つであった。こういった集まりの中で、批判的な省察と新たな知識の生成や交換が続けられ、より公的な政治的集会の場だけでなく、カフェでも、家族・市民との自発的なミーティングの中でも、同じことは起こった。アッセンブレアは、民主的な精神医療が実践としてどのように発展するのかを理解する上で必要不可欠なものであった。（前掲書：一七頁）

アッセンブレアの危機は、結果的に次の展開へのチャンスでもあった。これまで精神病院の院長に隔離収容の責任と権限を与え、内実が不問に付された精神病院の実態や、隔離拘束などの権力行使が、事件をきっかけに白日の下にさらされることになった。精神病とラベルを貼られた人の自由が剥奪されている現実を批判的に問い直す「批判的意識化」をすることで、蓋をした現実と向き合うことになった。

このアッセンブレアがきっかけとなり、公的な場だけでなく市民の間からも、精神医療はこのままでよいのか、を問い直す批判的省察が生成されていった。これは確かに、これまで閉ざされて精神科医に独占されていた精神医療を「民主化」する契機であり、その役割を担ったのが、アッセンブレアであった。

矛盾の表面化

アッセンブレアとイタリアの他の社会運動との二つ目の共通点は、現象学やマルクス主義から派生した否定の論理を適応している、ということである。この弁証法的な方法によって、バザーリアは伝統的な施設の論理と実践に内在する矛盾を明らかにするいくつものパラドックス（逆説）を提起した。

「矛盾を指摘するとき、あなたは亀裂を開いている。例えば、精神病院は社会統制の装置としてのみ存在すると主張するとき、国家はそれにかわる何かを作らなければならなくなる。矛盾が最初に意識の中で爆発したときから、それが必死で隠されるときまでの間は、ヘルスシステムが人々のニーズを満たしていない、ということに人々が気付くチャンスの瞬間でもある。というのも、この社会自体は、人々のニーズを満たすように組織化されていないからだ。」

この小さな割れ目の中で、この壊れやすい場の中で、バザーリアや彼の同僚たちは、自由の批判的実践として、精神医療を再構築しようと試みていた。言うなれば、社会の中で排除や周辺化され、スケープゴートにされた人々を回復させ、葬り去られた彼らの歴史を再生させる手助けを行うような、精神医療の別の可能性を構築しようとしていた。（前掲書：一七頁）

アッセンブレアでは、「矛盾」に蓋をしない。むしろ、これまで「排除や周辺化され」ていたその「矛盾」そのものの蓋を開けて、参加者たちで眺める営みを行っていた。「なぜ治療が終わっても、精神病院から出ることができないのか？」という問いには、社会的入院という一見分かったような理由がラベルとして貼られる。でも、社会的入院とは何か、を深掘りして考えると、社会に受け皿がない、というより、地域に帰ることを拒否されている状態、とも見えてくる。それは、精神障害者への差別や偏見に基づいて、何をするか分からない人は閉じ込めておこう、という「社会統制」の機能が働いている、ということを意味する。すると、そのような「社会統制の装置」がなぜ必要なのか、本当に必要なのか、という「否定の論理」に基づく弁証法は、社会の矛盾を明確にする。

その上で、バザーリアたちは、アッセンブレアを通じて「精神医療の別の可能性」を模索していた。社会の中で排除・周辺化・スケープゴートにされた人々の「社会統制の装置」であることをやめ、そのラベルを貼られた人々が再び自分自身の人生を取り戻し、再生し、地域の中で出ていく拠点として、「精神医療を再構築」しようとしたのだ。

「否定的思考」というバザーリアの方法論は、「ここでは何が〝悪〟とされるのか?」「〝本当の〟問題とは何か?」「誰のニーズが満たされているのか?」「誰のニーズが否定されているのか、そしてそれはなぜか?」といった問いを何度も掲げるのを常としていた。それは、矛盾と直面し、精神医療のイデオロギーの間違った認識を突き刺すための手段であった。権力に対する挑戦は、象徴的に表現された。患者やスタッフが伝統的な白衣や病棟衣を着るのを止めるとともに、伝統的な役割も止めた。その過程のなかで、彼らは専門職の権力の源泉と性質、その権限委任の方法、そして客観性という名の下でその権力が維持されたことを容赦なく分析していった。

ゴリツィアの病院では、彼らが参照した技法を超えた営みが展開された。治療共同体は、一九六〇年代のアングロサクソンの社会学研究として明らかになりつつあったが、決して権力関係の内在的構造を問い直すことはなかった。ゴリツィアでは、権威や権力、地位が、常に異議申し立てされるとまではいかないが、繰り返し明確なものとされた。ゴリツィア独自の治療的コミュニティの中では、病院内の矛盾がより大きな社会的矛盾と結びつけられた。バザーリアや同僚たちは、一人の人間の精神内部や対人関係の精神力道に関する伝統的なミクロ分析をする代わりに、精神機能障害に関するグローバルな（政治的・経済的）特徴の分析に優先順位を置いた。知識は小さな断片の数々の中に現れ、多くの人々に知識が割り当てられることによって、主観と客観の間にあるギャップを橋渡しできるようになった。そのような例の一つとして、ゴリツィア時代の後になって、女性解放運動の影響も受けて、女性の看護師と女性の患者の双方がお互いのことを同一視するようになり、共通の問題を認識するようになった。（前掲書：一七―一八頁）

バザーリアたちは、アッセンブレアにおいて矛盾を表面化させることで、精神医療の何を問い直そうとしたのだろうか？　それは、精神医療のイデオロギーが暗黙の前提とし、内包していた権力関係の内在的構造であった。白衣を着た医療スタッフと、病棟衣を着た入院患者。これは見た目の差にとどまらず、役割関係の差別化・固定化であり、管理をする側―される側という支配―服従関係が付与される。それは個人的課題ではなく、抑圧され・差別される側が権力によってどう統治・支配されているか、を示した社会的課題である。バザーリアたちが患者個人の精神力道や対人関係の分析より、精神障害に関する社会分析を優先したのは、患者が病院に幽閉され、社会的な統制を受ける、その社会構造そのものを「否定的思考」を通じて問い直し、「客観性」の名の下で隠蔽された矛盾を、そのものとして眺め、そこから精神医療の役割を変えたいという思いがあったからである。

更に言えば、この「否定的思考」は、単に精神医療への問い直しにとどまらなかった。女性看護師と女性患者は、共に抑圧的な体験を受けてきた。これを、看護師と患者、と立場や役割で切り分けずに、女性という共通の「断片」に基づいて「主観と客観の間にあるギャップを橋渡し」するなかで、女性という属性による社会的な役割関係の固定化や、差別や抑圧の被害者である、という共通の問題構造を発見していったのである。

アッセンブレアと対話

これまで、バザーリアたちがゴリツィアの精神病院で行っていたアッセンブレアと呼ばれる対話集会についての記述をもとに、アッセンブレアとは何か、を考えてきた。本章では最後に、このアッセンブレアが対話としてもつ意味について、考えてみたいと思う。

先に出てきた「批判的意識化」とは、教育学者のパウロ・フレイレが『被抑圧者の教育学』の中で用いた方法論でもある。一九二一年生まれのフレイレは一九二四年生まれのバザーリアと同時代人であり、ブラジルで小作人を対象とした識字教育に従事していた。このなかで、小作人たちが大地主によって抑圧されていることに気付いただけでなく、その抑圧構造を批判的に意識化することで、被抑圧者は抑圧を乗り越えられるのではないか、と考えるようになった。

抑圧されている者はその状況による制約はあれど、状況を変革することができる。本質的に重要なのは、抑圧的な現実が課す制約を認識することであり、その認識を通して、自由への行動に向か

う原動力も得ることができるということである。(フレイレ、二〇一一年:三三頁)

小作人と精神病院入院患者が、どのような「抑圧的現実が課す制約」の中にいるのか。それを批判的に認識しないと、自分の立ち位置が分からない。逆に言えば、その「制約」を批判的に認識できれば、そこから、自分がどのような不自由を強いられているのかを直視することは可能になり、「自由への行動に向かう原動力も得ることができる」のだ。これは、バザーリアたちが行ってきた、矛盾の表面化と直視そのものである。

またフレイレは、抑圧者が抑圧を正当化するための「銀行型教育」と、被抑圧者の解放を導く「問題解決型教育」の違いを提起している。前者は教師の正しい答えを一方的に生徒に詰め込むやり方であり、マークシート試験に代表されるような暗記型教育である。後者は、教師と生徒が考え合いながら、答えを導き出そうとするスタンスである。そのことに関して、彼は次のように述べている。

「銀行型」教育は、直接あるいは間接に、宿命論的な認識を強調して人間をその状態にとどめようとするが、問題解決型教育は反対に、置かれている状況を解決すべき問題として捉える。(前掲書:一一二頁)

精神病院への社会的入院、この事態を「宿命論的な認識」で捉えると、「精神病なのだからしかたない」という論理で、入院患者を「その状態にとどめようとする」。だが、これまで見てきたように、アッセンブレアでバザーリアたちが試みてきたのは、「その状態にとどめようとする」「宿命論的な認識」に対して、「否定の弁証法」を行うことであった。「なぜ、精神病だから、しかたないのか?」「社会的入院をすることで、誰のニーズを満たしているのか?」と問い直すことは、どうせ・しかたない、と宿命論的に考えている認識を、「抑圧的な現実が課す制約」としての「宿命論である」と、「批判的に認識」することである。その自らの立ち位置を理解することで、「置かれている状況」は「宿命論」の呪縛から自由になる。むしろ、「精神病なのだからしかたない」という「宿命論的な認識」そのものが、制約条件になっていること、「解決すべき問題」であることが、見えてくる。

これは、精神病を個人の問題と受け止め、どうせ・しかたない、と「宿命論」で捉える見方を、一八〇度転換させるものである。精神病ゆえに社会統制の対象になる、という「抑圧的な現実が課す制約」を、そのものとして眺めると、そこから克服課題も見えてくる。バザーリアたちが、入院患者個人の精神力道的な課題を分析するよりも、精神障害にまつわる政治的・経済的課題を分析しようとした理由も、このあたりにある。どのように社会が「宿命論的な制約」を個人に押し付けるのか、その抑圧的な構造を分析し、理解することで、個人はその認識を用いて、「自由への行動に向かう原動力も得ることができる」のだ。

しかも、これを医師と患者の二者関係ではなく、アッセンブレアという、誰でも参加が自由な討論の場で行った点が、バザーリアたちの挑戦で興味深いところだ。「治療関係」という構造自体に問題があると感じた場合、治療関係から距離を置いた場が必要不可欠になる。それが、アッセンブレアという集合的な智恵や責任を共有する場であった。その中で、医師も看護職も患者自身も、精神病院という「抑圧的環境」の中で、制約されていた諸条件から自由になり、対等な立場で対話を続け、お互いを深く理解し、精神病院という構造に変わる何かを模索していったのである。

そういう意味では、アッセンブレアは、精神病院という支配的道具から自由になるためにはどうすればよいのかを考え、抑圧的な現実そのものを批判的に意識化し、宿命論的な制約を乗り越える必要不可欠な対話の舞台装置であった、と言えるだろう。

第二章　施設の論理を「括弧に入れる」

研究者から改革者へ

後にイタリアの精神病院を閉鎖の道に導いた医師、フランコ・バザーリアが施設の論理に疑問を抱くようになったのは、精神病院との最初の出会いにさかのぼる。

ゴリツィアの精神病院に最初に入ったとき、彼はきつい悪臭に直面した。その悪臭は、バザーリアがイタリアのレジスタンス運動に関与していた医学生の頃、ドイツの占領下で逮捕され、投獄されたときに、初めて施設との出会いを経験した刑務所の独房の悪臭とたいして違わないものだった。この経験が形づくられていくなかでバザーリアは、アサイラム（訳注：収容所や保護施設のこと）と刑務所、そして強制収容所が呼び起こす共通性に気付いた。(Scheper-Hughes and Lovell eds. 1987:5-6)

バザーリアが一九六一年に大学の医局を去り、初めて公立精神病院の院長に赴任したとき、彼は自身の過去の経験に直面する。彼は、名門大学の精神医学講座で将来を嘱望されていた学者で、ゴリツィア赴任以前も多くの学術論文を書いていた。だが、半ば大学から追い出されるような形でゴリツィアの精神病院長の公募に応じ、生まれて初めて精神病院の実態を目の当たりにする。患者の実存と向き合う哲学である現象学的アプローチを研究してきたバザーリアにとって、精神病院で目にした風景こそ、患者の実存が剝奪される風景そのものだった。そしてその風景は、彼自身の実存が奪われた収容所体験をまざまざと思い出させる風景だった。彼にとって、それは他人事ではなく、二十年前に体験した、文字どおり自分事の風景だった。しかも、以前収容されていた場所と類似した場所に、今度は収容する側の責任者として戻ってきたのである。まさに、彼自身の実存が問われる事態であった。そこから、バザーリアの視座の転換が始まる。

当時のイタリアの公立精神病院では、本人の意思に基づかない強制入院がほとんどであり、隔離収容が当たり前であった。一方、ある一部の階層の人は、私立の精神病院に入院していた。バザーリアはその現実を、対比的な関係として表現している。

貴族的関係……医療的役割としてしか相互的な関係が生まれない。自由な「顧客」としての患者は、医師を医学技術権力の倉庫と見なし、医者は患者を経済的権力の源と見なす。患者は本物の経済的な価値をもっている限り、医者との間で受け身である必然性はない。

施設的関係……何の相互関係もないし、隠すものもなにもない。精神病であること、ではなく、

権力をもっていないことこそが、真の問題である。（前掲書：六五―六六頁）

地獄の沙汰も金次第、ではないが、イタリアにおいて、「経済的な価値をもっている限り」、患者は「自由な『顧客』」として医療者と相対することができ、医者との間で経済的な相互関係を保つことができた。だが、これはごく一部の「経済的権力」をもつ「貴族的関係」の主だけである。大半の貧しい入院患者は、医療者と「何の相互関係」ももつことができなかった。それゆえ、「独房の悪臭とたいして違わない」環境に幽閉されるのは、「精神病であること、ではなく、権力をもっていないこと」が原因であった、と見抜いた。ここからバザーリアは、これまでの研究者としての立ち位置そのものにも向き合うこととなる。

バザーリアは、病気の階級的な性質や、ある表現様式を決定づけるより広義の社会的・政治的文脈に光を当てるために、現象学的な分析の限界に疑問をもつようになった。（前掲書：七頁）

病者の実存の問題を分析する「現象学的な分析」は、患者個人の内在的論理しか探らないという「分析の限界」がある。その患者の生きる苦悩は、「経済的な価値をもって」いない、という「病気の階級的な性質」に基づいているが、患者の内在的論理だけを掘り下げてもそこには辿り着かないという限界である。「より広義の社会的・政治的文脈に光を当て」ない限り、「権力をもっていない」がゆえに、病院の中に収容されている人々の実存を理解することはできない。それは、収容された経験をもち、今度は収容する側の精神病院長として着任したバザーリアの、実存そのものを揺さぶる事態であった。

この実存への揺さぶりによって、バザーリアは病者の実存の問題を哲学的に分析する研究者から、精神病院という存在そのものを問い直す治療者・改革者への道を歩み始める。

治療と権力という二つの役割

とはいえ、バザーリアが病院の実態と立ち向かうときに武器になったのは、それまで研究者として身に付けてきた現象学的アプローチだった。

> 現象学はバザーリアの生涯を通じて、彼の書き物だけでなく、彼の実践にも深い影響力を与えた。たとえば、バザーリアが精神医療の状況を分析する上で必要不可欠なものとして、フッサールの「括弧に入れる」がある。（前掲書：七–八頁）

この「括弧に入れる」というのは、現象学の用語ではエポケーとも呼ばれ、「判断中止」の意味である。当たり前に常識的な判断を下している日常的な出来事の、その「判断」を「中止」することで、当たり前や常識そのものを問い直す力がある。バザーリアは、精神病院で行われている当たり前や常識を「括弧に入れる」ことによって、病院の常識がどのように構築されているのか、を現象学的に分析するようになった。すると、次のような現実が見え始めた。

これらの施設の主な特徴は、権力をもつ者ともたない者の明確な分離である。この役割の分離は、権力をもつ者ともたない者の間の虐待や暴力的な関係や、それによって権力をもたない者が権力をもつ者から排除されることも含んでいる。（前掲書：六〇―六一頁）

病院は治療を目的とした場所である。この常識を「括弧に入れ」て、精神病院の実態を観察してみると、収容する側とされる側には、「権力をもつ者ともたない者の明確な分離」が浮かび上がる。そこで、治療ではなく権力という視点で病院を捉え直すと、隔離や拘束という医療用語によって覆い隠された、「虐待や暴力的な関係」「排除」など、「社会的・政治的な文脈」が見えてくる。そこから権力に基づく「施設の論理」が明らかになってくる。

通常の犯罪とは違い、精神病院への入院患者は実際に行ったことで拘束されるのではなく、「彼らがそうするかもしれないという兆候」あるいは「起こる可能性があると予測されること」によって拘束される、とバザーリアは指摘する。施設収容の精神医療は、結局のところ、普通の精神病の患者の危険性を大げさに予測することによって、正当化される。（前掲書：一一二頁）

精神病院では、患者が自分を傷つけたり他人に害を与えたりする、という自傷他害の危険性がある場合、医師に強制的な隔離や拘束をする権限が付与されている。医師は治療のために必要不可欠ならば、強制的に隔離拘束をしてもよいという常識やそれに基づく法が支配している。だが、ひとたび治療を権力に置き換えてみると、この危険性概念そのものも「括弧に入れる」必要がある。

精神病院の外で隔離や拘束が合法的に認められるのは、「実際に行った」犯罪者に対してのみ、である。しかし、精神病者の場合は、「そうするかもしれないという兆候」あるいは「起こる可能性があると予想されること」によって、隔離収容される。これは、精神病者以外への対応と全く異なる対応である。これが許されるのは、「精神病の患者の危険性を大げさに予測する」という「施設収容の精神医療」の論理による「正当化」である。だが、これは罪を犯していない人を強制的に隔離・収容する、という意味で権力行使そのものである。

すると、その「正当化」された治療を行う精神科医の役割そのものも「括弧に入れる」必要がある。

精神科医は、科学者と警察官という二重の義務を負っている。しかし、この二つの役割は明らかに矛盾している。というのも、科学者は病人を保護し治療するべきであるが、もう一方の警察官は健康な人々を守り、保護しなければならないからである。（前掲書：一二〇頁）

精神科医は、常識的には科学者の一員とみなされている。しかし、「病人を保護し治療する」だけでなく、実際に罪を犯していない人であっても、その危険性があれば、強制的に隔離や収容する権力をもっている。これは、警察官の役割である。この警察官の役割とは、「健康な人々を守り、保護しなければならない」、つまりは「危険性のある人から一般社会を護ること」（＝社会防衛）である。治療と権力という「二つの役割は明らかに矛盾している」のである。

バザーリアは、科学者の仮面の下で現実に行われている精神科医の警察官役割を、矛盾という形で析出したのだった。そして、この矛盾は、精神科医だけでなく、精神病院そのものの矛盾でもある。

施設と精神医療のイデオロギー

権威を究極の基盤とする施設においては、最優先の目的は効率性と秩序であるため、抵抗の可能性がある患者の自由と、施設の円滑な運営のどちらかを選択をすることが迫られる。（前掲書：七三頁）

治療を「基盤とする施設」では、患者の状態を改善・回復させ、地域社会に戻すことが「最優先の目的」とされている。だが、権力や「権威を究極の基盤とする施設においては、最優先の目的は効率性と秩序」である。しかも、この「効率性」とは、治療の効率性ではなく、権力行使の効率性である。だからこそ、その権力行使に対する「抵抗の可能性がある患者の自由」は、権力を重視する施設運営の「効率性」の邪魔になりかねない。「施設の円滑な運営」を重視すれば、「患者の自由」は制限せざるを得ない。

すでに病気になることによって自由の喪失感を感じている患者は、施設という新たな組織に従わなければならない。人が生きている感じ、まだ自分自身だと感じさせる、自律的な欲望や行動、希望をすべて否定する施設に。患者は施設を通じて生かされる身体となり、施設にとってもまさに、彼は施設を物理的に構成するモノの一つと考えることが可能になる。（前掲書：七七頁）

バザーリアがゴリツィアの精神病院の改革に従事し始めた頃、精神病院という施設の論理に関する批判的考察は、既にイタリアの外では始まっていた。例えばアメリカの社会学者、アーヴィング・ゴッフマンは、一九六一年に発表した著書『アサイラム』の中で、精神病院や障害者入所施設、刑務所、強制収容所、僧院などを「全制的施設」（total institution）という一つのカテゴリーに位置付けた。それらの施設は、収容者を集団として管理し、一括して処遇することで、その施設の目的である「効率性と秩序」を保とうとした。権力や権威は、この目的遂行のための手段として、「全制的施設」では日常的に行使されていた。つまり、「人が生きている感じ、まだ自分自身だと感じさせる、自律的な欲望や行動、希望をすべて否定する」のは、「全制的施設」の中心的・普遍的特徴であったのである。

また、一九五九年にイギリスの精神科医のラッセル・バートンは『施設神経症』というタイトルの本を出版する。バートンは、「効率性と秩序」を重視した精神病院での集団管理型一括処遇そのものが、患者本人の自由を否定し、患者が「施設を物理的に構成するモノ」へと成り下がり、結果として本人の精神症状を悪化させる元凶である、つまり「施設」が「神経症」をつくり出す、と指摘していた。

バザーリアの妻で社会学者のフランカ・オンガロは『アサイラム』のイタリア語訳者でもあり、バザーリアもゴッフマンを読み込んでいたし、バートンの指摘と同様のことにも気付いていた。この「施設の論理」を「括弧に入れる」と、精神医療そのものが科学ではなくイデオロギーに基づいている、という実態が露わになる。

> 医療の領域に社会的な観点が差し込み始めるときでさえ、主に言及されるのは、精神病理的なパーソナリティをもつ人が社会に及ぼす「様々な影響」についてであることは、明白である。その一方で、傷つきやすい人格に対して社会的な要因が及ぼす影響について触れられることはほとんどない。これは、精神病院の根底に未だにある保護的なイデオロギーと一致する。精神病院はアブノーマルな人から社会を保護し護るために存在するのであり、患者や彼の病気を治療するために存在するのではない、というイデオロギーである。（前掲書：一一二頁）

「精神病院はアブノーマルな人から社会を保護し護るために存在するのであり、患者や彼の病気を治療するために存在するのではない」というのが、施設の論理の本質であった。しかも彼はその論理を「保護的なイデオロギー」と名付けている。この施設の論理は、科学の名を借りた権力行使に基づいており、それは事実ではなく価値観や観念体系に基づいている、というのだ。そこから彼は、なぜ精神医療において、「傷つきやすい人格に対して社会的な要因が及ぼす影響について触れられることはほとんどない」のか、を問い始める。そこには、こんな背景が隠されていた。

病気を覆い隠す貧困やスティグマ、隔離や拘束などによって作られる多くの要素をまず剝ぎ取ることをしない限り、病気の実態とは何かについて理解することはできない。（前掲書：八頁）

「病気の実態」に迫ろうとすれば、「社会的な観点」、つまりは「病気を覆い隠す貧困やスティグマ、隔離や拘束などによって作られる多くの要素をまず剝ぎ取」らなければならない。「自傷他害の恐れ」という「精神病理的なパーソナリティをもつ人が社会に及ぼす『様々な影響』」に言及する前に、「傷つきやすい人格に対して社会的な要因が及ぼす影響」をこそ、科学者として分析する必要がある、と彼は気付いたのである。

私たちは精神病が存在しない、と主張するつもりはない。だが、精神病を定義する科学的概念が抽象的である、とは主張したい。というのも、それらの概念は実在する現象としての精神病と向き合っていないからである。（前掲書：一二〇頁）

バザーリアは、「精神病は存在しない」と主張する反精神医学(4)の流れとは、意見を異にする。あくまで「科学者」として精神医療を「括弧に入れる」なかで、「精神病を定義する科学的概念は抽象的である」と気付いたのだ。そして、「実在する現象としての精神病と向き合」うためには、精神医療そのものの価値転換が必要不可欠である、と気付くに至る。

診断や治療の「権力」行使

バザーリアは、診断という、一見すると科学的な治療行為を「括弧に入れる」と、「制裁」という権力行使が裏に隠れている、と見抜いた。

この制裁には、治療的な価値が全くない。誰が正常で誰が正常ではないか、を選別することのみに用いられ、この規範がひとたび科学的に確立されたら、柔軟性や議論の余地のある概念ではなくなり、医師や社会の双方の価値観と強固に結びついた何かになる。(前掲書:八〇頁)

一見すると価値判断ではない「科学的」な診断。だが、「誰が正常で誰が正常ではないか、を選別すること」というのは、実は何が正常の範囲内で、どこからが範囲外であるか、をある一定の判断基準に基づいて決断する、という価値判断そのものである。しかも、正常さという価値判断が「科学的に確立」されたら、それが「医師や社会の双方の価値観と強固に結びつ」ける観念体系として機能する。これは、「異常」と判断された患者の側から見れば、「治療的な価値が全くない」ので、治療ではなく「制裁」だ、というのである。彼は、こうも述べている。

客観化は、患者の客観的状態の中に存在するのではない。そうではなくて、患者と治療者の関係の中に、つまり医師に治療と保護を任せる社会と患者の間に存在するのである。医師が客観的定義を求めるのは、その定義によって自分自身の支配権を主張することが可能になるから、である。それはちょうど、社会が自らの矛盾を隠蔽するために、ある人を切り捨て、別の人に報いる必要があるのと同じである。(前掲書：六八頁)

診断という「客観的定義」を医師が求めるのは、「その定義によって自分自身の支配権を主張することが可能になるから」である。バザーリアは、精神科における診断は治療ではなく権力行使だと見抜いた。すると、病気の診断という「客観化」は、自傷他害などの「患者の客観的状態の中に存在するのではない」ことになる。「医師に治療と保護を任せる社会と患者の間に」こそ、何が異常でどこまでが正常かを診断するという価値判断が存在する。つまり、精神医療における診断や治療は、社会的な価値観が強く投影された行為なのであり、社会が「自らの矛盾を隠蔽する」ための「客観的定義」なのである。

私たち精神科医が、すでに家族や仕事場で暴力的に排除されてきた人々に権力を行使するとき、私たちの正当化は避けようもなく終わりなき悪行へと転化する。というのも、私たちは「必要性」や「治療」という偽善者ぶった仮面を用いて、暴力を隠蔽しているからである。（前掲書：六八頁）

「治療」という「客観的定義」は、「偽善者ぶった仮面」であり「暴力」の隠蔽である、という。そして、精神病院における権力行使は、「終わりなき悪行へと転化」していく。これは、隔離や拘束という目に見える「暴力」だけではない。薬物投与も同じような権力行使なのである。

薬には否定できない効果があり、私たちの精神病院に「結びついた」（訳注・退院不能な）患者の数が減少する結果を生み出した。しかしながら、今となってみれば、私たちは薬が医師や患者に与える否定的な影響に着目することができる。というのも、薬は両者の不安に影響を与え、相矛盾する状況をつくり出すからだ。医師は、自分が処方する薬を通じて、彼が意思疎通できない、あるいは分かち合う言葉を見出せない患者への、医師自身の不安をなだめることができる。医師は、「理解できない」状況を自分自身で操ることができない事態に対して、新たな暴力の形態で埋め合わせるのである。しかもその間、患者の客体化はずっと続いている。薬の「鎮静」効果は、患者が受け身な患者役割の中に留まり続けることを保障するのだ。この状況に肯定的な側面があるとしたら、それは医師と患者の関係が生まれる可能性をつくりだすことだけ、であろう。もっともその可能性

は、医師の主観的判断次第であるが。（前掲書：八二―八三頁）

医師が患者と「意思疎通できない」、患者を「理解できない」という問題を前にして、薬物投与という「新たな暴力の形態で埋め合わせる」。ずいぶん大胆な指摘である。だが、「薬の『鎮静』効果は、患者が受け身な患者役割の中に留まり続けることを保障するのだ」という指摘を読むと、頷かざるを得ない。隔離や拘束と同じように「薬漬け」（＝『鎮静』効果）を用いる場合、それは患者を医師が操るための「新たな暴力」として機能する。しかも、薬物投与の後に、医師は患者と会話したり、患者を理解しようとする、つまりは「医師と患者の関係が生まれる可能性をつくり出す」かどうか、これはあくまで「医師の主観的判断次第」であり、患者には選択権がない。だからこそ、患者の主体は尊重されず、「患者の客体化はずっと続いている」のである。そのような「否定的な影響」を薬物治療が内包していることもバザーリアは喝破していた。

矛盾との対話

ここまで、バザーリアが精神医療や診断、治療という科学を括弧に入れて、そこで実際に行われている権力行使の実態を分析してきたプロセスを追いかけてきた。では、バザーリア自身は、精神医療にどのような変革を求めていたのだろうか。

医師と患者の、看護師と患者の、そして医師と看護師の間にある矛盾の振る舞いの中にこそ、新たな可能性や新たな役割が現れるのである。私たちの仕事の中にある治療的な側面とは、この矛盾についての対話的実践である。このような矛盾が無視されたり隠されたりすることなく、対話的に矛盾と向き合うとき、そしてスケープゴートを探す技術が「しかたない」と受け入れられる代わりに対話的に議論されるとき、コミュニティは治療的だと呼ばれるのだろう。しかしながら、対話は一つの可能性以上のもの、つまりは別の選択肢が存在する場合にのみ、成立する。もし患者に他の選択肢が示されなければ、彼の人生は予め決まっていて、服従する場合にのみ参加するならば、患者は自分自身が精神医療によって監禁されていると感じるだろう。というのも、その患者は自分に関係のない世界によって監禁されており、その矛盾と対話を通じて向き合うことができない、ということを理解するからだ。（前掲書：七五頁）

バザーリアが着目したのは「矛盾」との弁証法的な「対話」であった。精神医療が「しかたない」とみなし、「無視されたり隠されたり」した様々な矛盾。治療と権力の、科学者と警察官役割の、医師と患者の……様々な間にある矛盾。「この矛盾についての対話的実践」に医師と看護師、患者が協働して取り組むとき、そこに初めて「私たちの仕事の中にある治療的な側面」が見え始めるのである。それは、「精神医療によって監禁され」「服従」を強いられる状態が、治療の名の下に権力行使されていることを、そのものとして認めて、精神医療自体を括弧に入れて、目の前にある矛盾を医療者と患者が協働して眺めるからこそ、見えてくる新たな世界である。「その矛盾と対話を通じて向き合う」プロセスを通じて、矛盾の外に出る可能性が見え始める。これが、前章でご紹介したアッセンブレアという患者とスタッフの集まりでも大切にされた点であった。
医療者と患者の一対一の関係でも、アッセンブレアのような集団ミーティングにおいても、大切にされたのは、個人的問題に見えるものの背後にある「社会的・政治的な文脈」や「矛盾」である。

もし患者が自らへの排除に気付き、そのことに対する社会の責任に気付き始めたならば、患者が長年にわたって閉じ込められてきた感情の真空地帯は、その時になってやっと徐々に、自分本位の怒りの感情の高まりに置き換えられる。この転換から、彼の直面する現実に対する開かれた反抗が生じるだろう。というのも、今やその現実を彼が拒否するのは、彼が病気だからではなく、その現実はまさにいかなる人間によっても耐えられないものだからである。彼は自分の自由を勝ち取るだろう。自由は誰かから与えられるものではない。（前掲書：七七頁）

従来の精神医療では、患者が「自分本位の怒りの感情の高まり」に襲われたとき、それに精神症状というラベルが貼られていた。だが、そのようなラベリングが権力行使であると見抜いたバザーリアは、患者の「怒り」を「自由」の可能性だと捉える。彼が精神病院に「排除」されたことに「怒り」を感じるとき、「その現実を彼が拒否するのは、彼が病気だからではなく、その現実はまさにいかなる人間によっても耐えられないものだから」である。つまり、その怒りは真っ当な怒りであり、それは「矛盾」に気付き、「矛盾と対話を通じて向き合うこと」を通じて「自分の自由を勝ち取る」ための、必要不可欠な要素である、と気付いたのだ。すると、施設収容そのものの問題構造にも目を向けざるを得なくなる。

私たちは地域での治療モデルを、施設の現実を否定し始めるときに役立つ一般的な参照点としてのみ選び取る。その必然として、地域での治療モデルは、精神病のいかなる分類をも否定するところから始まった。というのも、患者の実際の状態からみれば、そういった分類は観念的(ideological)である、とみなされていたからである。(前掲書:七〇頁)

「怒り」に「易怒性」などの「分類」基準を当てはめて、患者を理解した気になる。これは、科学的行為ではなく、権力行使である。だからこそ、「施設の現実を否定」し、「患者の実際の状態」と向き合うためには、「精神病のいかなる分類をも否定する」必要があった。そうやって観念的分類に基づかない「地域での治療モデル」を打ち立てていくなかで、後に施設の論理そのものを否定する帰結が生まれてくる。それが、トリエステに移った後のバザーリアが精神病院を廃止する原点に結実していく。

施設の論理を「括弧に入れる」

ここまで見てきたバザーリアによる、精神医療を括弧に入れる営みと同じことを、知的障害者支援の世界で行った人物がいる。それが、ノーマライゼーションという概念を全世界に広めた、「ノーマライゼーションの育ての父」[5]ともいわれるベンクト・ニィリエである。彼は、アメリカのケネディ大統領が立ち上げた大統領委員会に依頼されて一九六八年に執筆した報告書の中で、次のように指摘している。

施設そのものに知的障害をさらに悪化させる状況があり、そこは知的障害者を退化させているところなのだ。大型施設は、あまりにも非人間的な結果をもたらす自己破壊的システムなのだ。経験を求める飢餓感が満足させられることはなく、生活状況の貧困さはそのまま継続し、文化的略奪がつくり出されている。こういったすべての事柄が、私たちの税金を資源として、医師の同意のもとで、社会における政治的組織の決定により行われているのだ。(Nirje. 1992:31)

スウェーデンのＦＵＢ（スウェーデン知的障害児童・青少年・成人同盟）のオンブズマン兼事務局長として活躍していたニィリエは、アメリカの入所施設の処遇改善のアドバイスを求められ、アメリカに渡る。そこで、「私たちの税金を資源として、医師の同意のもとで、社会における政治的組織の決定により」「文化的略奪がつくり出されている」ことを目の当たりにする。そこで、どうすれば「非人間的な結果をもたらす自己破壊的システム」を変えられるか、を具体的に整理し始めた。

施設という環境で生活している知的障害者の生活状況を批判するためには、ノーマライゼーションの原理について語ることが、私にとって必要不可欠なことだったのだ。（ニィリエ、二〇〇八：九〇頁）

施設の生活がアブノーマルである、と批判するならば、では知的障害者の生活状況に求められるノーマルとは何か、アブノーマルな「施設という環境」やそこで暮らす「知的障害者の生活状況」をどのように変えることがノーマルにつながるのか、に関する普遍的な原理を提示しなければならない。これが、後に触れる「ノーマライゼーションの原理」へとつながっていく。

興味深いのは、ニィリエとバザーリアがほぼ同時期にアメリカに滞在している点である。ニィリエは、一九六八年の五月末から六月にかけてアメリカに滞在し、数多くの入所施設を見た上で、ワシントンDCで「ノーマライゼーションの原理と人間的な処遇への示唆」という論文を書き上げた。一方、ゴリツィアの精神病院長だったバザーリアは、一九六八年九月に外出許可を与えた患者が妻を殴り殺す、という事件の監督責任を問われ、ゴリツィアを去らざるを得なくなる。そして翌一九六九年にはニューヨークのマイモニデス病院を拠点に半年間、アメリカの精神医療を見学する機会に恵まれる。

その当時のアメリカでは、施設から地域へ、の流れは精神病院でも進み、ケネディ大統領が法制化したコミュニティ・メンタルヘルスセンターでの地域支援体制を構築していた。しかしながら、バザーリアはそのアメリカの地域支援体制を見て、ニィリエと同様に、施設の論理そのものの構造的問題に出会った。

> 寛容な施設とは、暴力が支配する施設のもう一方の非弁証法的な形態であるが、根本的で意図的な非効率性を隠すために、とてつもなくわざとらしい効率性を露わにする。本当の問題に直面するためには、私たちは事実全体に対して、疑いを挟まなければならない。(Scheper-Hughes and Lovell eds. 1987:133)

「ニューヨークからの手紙」と付けられたタイトルのエッセーの中で、バザーリアは、精神病院だけでなく、コミュニティ・メンタルヘルスセンターという「寛容な施設」にも、精神病院と同じ「暴力」が存在する、と喝破する。場所が病院であれ地域であれ、「根本的で意図的な非効率性を隠す」限り「本当の問題に直面する」ことはできない。このような、人間をモノとして扱う非人間的な支援のあり方やその価値前提こそ、問われねばならない。バザーリアが「私たちは事実全体に対して、疑いを挟まなければならない」と結論付けるとき、それは施設の論理そのものを括弧に入れ、その論理そのものを問い直し、新たな実践の可能性を模索することでもあった。それは、同時期にアメリカを訪問し、自国との比較のなかから、施設の論理をアブノーマルだと喝破し、ノーマルな生活条件とは何か、を追い求めたニィリエの実践とも重なるのであった。

第三章　四十年後のトリエステ

熱気あふれるセミナー

二〇一五年十二月十六日〜十八日の三日間、イタリア北東部の国境の町、トリエステで開かれた国際セミナーに出かけてきた。バザーリア国際学校が毎年開くセミナーで、二〇一五年のテーマは「隔離のない地域」であった。副題には、「自由の実践を通じての、精神保健ケアやサービスにおける開かれたドア、開かれた議論、開かれたアクセスへの挑戦」と書かれている。閉鎖病棟や病院収容主義を「開く（open）」だけでなく、第八章で言及するオープンダイアローグのような当事者と医療者との対等な議論の場や、司法精神医学の開放化までもがプログラムの中に盛り込まれている、てんこ盛りの内容であった。

この国際セミナーは、トリエステ精神保健局とＷＨＯ（世界保健機関）のコラボレーションセンターとの共同で開催されているものである。バザーリアが四十年前に提唱した「自由こそ治療だ（freedom is therapeutic）」を、世界中で広め、その精神を現在に活かし、精神医療の更なる改善・

改革を進めるために、主にヨーロッパ各国での先駆的な実践が紹介され、議論されるセミナーである。以前WHOの精神保健局にも出向し、トリエステモデルの世界への普及にも尽力し、日本にもたびたび講演に訪れている、現トリエステ精神保健局長のロベルト・メッツィーナ氏が、この会議のホストを務めていた。そして、イタリアだけでなく、イギリスやフランス、オーストリア、オランダなどヨーロッパ各国を中心に、ブラジルやシンガポール、カナダやアメリカ、オーストラリアなど、世界各国から改革派の精神医療関係者が集っていた。バザーリアが閉鎖した旧・サンジョバンニ精神病院の跡地にある二五〇人収容のホールが満員になる、熱気に包まれたセミナーだった。

この三日間は朝九時半~夕方六時半すぎまで、午前と午後に一つずつのテーマを掲げ、全体フォーラムと分科会を重ねる形で進められた。イタリアで今話題になっている司法精神病院の閉鎖問題などに関しては、参加者の間で白熱したやりとりがなされる場面も見受けられた。日本からは、イタリア精神医療の現実を日本に伝え続ける大熊一夫氏や、『バザーリア伝』を日本語に翻訳した鈴木鉄忠氏も参加し、僕と大熊氏は日本の精神医療の構造的問題についてスピーチも行った。

この章では、このトリエステセミナーで垣間見たことを紹介しながら、バザーリアの実践から四十年後、バザーリアの思想がトリエステやその他の地域でどのように継承され、広がっているのかを考えてみたい。

Freedom Firstと脱・収容所化

トリエステの精神保健改革は、ヨーロッパ各国に確実に広まりつつある。そのことを最も実感させてくれるのが、オランダの取り組みの報告である。「Freedom First」と題されたこの報告書[6]では、オランダの精神医療チームが二週間ほどトリエステでフィールドリサーチをした後、トリエステの支援者たちをオランダに招いてオランダの実情についてコメントをもらった上で、トリエステの実践から何を学べるかをまとめた報告書である。オランダのチームにとって大きな驚きであったのは、バザーリアが四十年前に述べた「自由こそ治療だ」という価値前提が今もトリエステの精神保健サービスを支える基盤枠組みとして機能していたことであり、その部分に焦点を当てて、オランダ・チームにとって重要な論点が同報告書では四点示されていた。これは日本にとっても同じように重要だと思われるので、以下、同報告書を抜粋する形でご紹介したい。

〈オランダの実践家たちがトリエステから学んだ四つのテーマ〉

一、公民権（civil rights）から市民権（citizenship）へ

二、「Freedom First」が最大の指針

三、価値に基づいた専門家の実践：プロ意識の違った形態に向けて

四、個人の自律と良いケア

一、公民権と言えば、自由（liberty）や平等（equality）などの古典的人権のことを指す。精神病院

からの解放や、他の者と平等な治療環境の提供、などがこれに当たる。だが、インクルージョン（社会的包摂）を果たすために、トリエステでは教育や雇用、社会保障を受ける権利など、他の者との対等な市民権（equal citizenship）を重視する。このことを成し遂げるため、スキルや社会的ネットワークなどを通じて精神障害者個人の位置付けを強化することだけでなく、精神障害の人も対等に働ける社会協同組合や、差別に反対する運動（アンチ・スティグマキャンペーン）などを通じて、当事者の周囲の社会構造（social fabric）を強化することも大切である、という。

二、「Freedom First」に関しては、トリエステでの脱施設化は地域へのケアの移行だけでは果たされていない、という。脱施設化は、自分自身のリカバリーに向けて自分でコントロールできる部分を増やすことであり、精神病ゆえに社会的に排除された段階から社会的な関係を取り戻し、インクルージョンや社会的再統合を果たす継続的なプロセスである。

この点に関連して、大熊はイタリアで行われたDe-institutionalizationの真の意味を、次のように説明している。

　これを脱施設化と訳しては台無しだ。私流に解説すると、支配・管理・抑圧といった人間の心身を犯す収容施設から犠牲者を解放すること。「脱・精神病院化」「脱・収容所化」と意訳したい。（大熊、二〇一六：二七一頁）

つまり、病院を閉鎖して地域に移行するだけでなく、「支配・管理・抑圧」を精神保健福祉のシステムからなくしていくことが、「脱・収容所化」であり、「Freedom First」の最大の意味と価値なのだ。

三、二のトリエステの脱・収容所化革命の価値観が、現在のトリエステの全ての支援者の共通の参照点になっている、というのがオランダ人たちにとって大きな驚きであった。四十年前に構築された価値前提を守り続けるために、日々のチーム会議では支援内容の振り返り（reflection）を行い、一人ひとりのスタッフは個々人の利用者との信頼関係を構築しながら柔軟な創造性（creativity）を発揮している。しかも、そこでは専門職と利用者、という権力関係ではなく、より個人的な関係に基づいた互酬性（reciprocity）が発揮されている。例えば、認知行動療法などを取り入れるときも、専門技術を活用するという専門家主導の考えではなく、これまでの支援プロセスの一環として取り入れることで、利用者の人生の道のりやニーズにシステムを順応させている、とオランダ人たちは捉えた。

四、とはいえ、トリエステ方式にも不利な部分はある。オランダを訪れたトリエステのワーカーたちは、オランダの精神障害の当事者たちが運営する施設やピアサポート（同じ病を経験した仲間による支援）の活用に強い印象を受けたという。トリエステでは四十年かけて良いケア（good care）を追求してきた。だが、オランダや他のヨーロッパ諸国で展開されている、当事者の生きる価値を取り戻すリカバリー運動や「経験をもつ専門家」としての精神障害をもつ当事者の活用の側面が、トリエステでは弱かったという。「良いケア」を提供することで、社会協同組合などの患者中心の組織はできた。だが、それらはトリエステの精神保健局のシステムと深く結びついているため、患者独自の運動団体や自分たち独自の声を発展させることができていなかった。この部分で、「個人の自律（personal autonomy）」は果たせない可能性があるのではないか、と指摘している。

この四点は、四十年後のトリエステの現状を考える上で、非常に示唆に富む。まず一と二に関しては、「自由こそ治療だ」と言うときに、それは社会の中でのインクルージョンを含んだものだった。対等な市民権を目指す、というのは「ノーマライゼーションの原理」とも非常に通底した考え方である。また、三に引きつけると、単に病院をなくして地域支援体制にする、というだけではない。自由を剝奪しない・対等な市民権を取り戻す支援をする、という脱・収容所化の価値前提を、普段の実践でも徹底する、ということである。

そして四の当事者の活用の弱さについては、日本でもトリエステ方式への批判として耳にする。もちろん、トリエステは聖地でも理想郷でもない。とはいえ、脱・収容所化を果たすための改善を、四十年前と同じように行い続けているのも、また事実である。例えばオランダとの比較・協働作業でこの報告書を作り上げるプロセス自体の中にも、トリエステの実践を振り返り、個人の自律も促し、リカバリー支援に舵を切ろうとする意志が感じられた。実際に、二〇一五年からは、旧サンジョバンニ病院の近所でリカバリーハウスのモデル事業をスタートさせた。筆者が参加した国際会議でも、リカバリーをよりよく展開するためのセッションをたくさん開いていた。絶えざる改革の動きは、今も止んでいない。

トライアローグとアッセンブレア

第一章で考察した、バザーリアが病棟内で行ったアッセンブレアを、地域の中で実践してきた現代版アッセンブレアの取り組みも紹介されていた。それが、ダイアローグならぬ、トライアローグ（Trialogue）である。[7] その中身を知れば知るほど、イタリアでの実践との共通性を感じる。

トライアローグは一九九〇年代からドイツやオーストリアで始まった試みである。精神病者とケアする家族、そして支援者や医療者の三者が対等な立ち位置で話し合うミーティングである。そのやり方には日本で近年注目されているオープンダイアローグと共通性があるが、トライアローグは、治療ミーティングではなく、治療を目的としていない。だから、病院や家族の家などの特定の権力が発生する場所ではなく、公民館や市民会館などで行う。dia-logueが二者間の対話を意味するならば、tria-logueは三者の話し合いという意味だ。すでに十年前、ドイツ語圏の国では五千人を超える人々が参加し、一五〇ものグループがあったという。

このミーティングの目的は、違った経験をもつ三者が互いの経験を理解し、お互いの違いを理解することを通じて、共通の言語を獲得することである。「違っていることは当たり前」「一緒になれば、私たちはより強くなれる」というのが二つの大切なスローガンである。

月に一、二回のミーティングが開かれ、一度のミーティングは九〇分から一二〇分の間である。一度のミーティングに十人から六十人くらいの人が集まる。理想的なのは、三者のバランスが同じくらいの割合である、ということ。一人の人が話し終えるまで他の人は話さない、一人の人が会話を独占するのを避ける、という点は、セルフヘルプグループとも共通であるが、大きな違いは「言いっ放し、聞きっ放し」ではない、ということ。ファシリテーターが三者の対話を促し、いろいろな意見がその場で展開されるように導いていく。意見を出しやすくするために、輪になって座る。

話される内容は「精神病とは何か?」「何が助けになるか?」「良い支援と悪い支援の経験について」「病名を脇に置く」などのテーマの他に、スティグマや偏見、薬や早期診断、リカバリーや社会的排除など、様々な話題が議論される。議論によっては衝突が生まれる内容もあるが、それを避けることなく、話し合いを続けていく。ユーザーや家族は「独自の体験による専門家」として認識され、支援者は「訓練による専門家」であると見なされる。よって、お互いの経験を対等に学び合うことが求められる。

このトライアローグの試みは、要求・反対・陳情、というこれまでの反—対話アプローチを超えるやり方であると感じた。しかも、「患者様」と上下を表面的に逆転するのではなく、本気でお互いの経験を学び合おうとするアプローチでもある。このトライアローグを導入したアイルランドの報告書(8)には、フレイレの批判的省察の考え方だけでなく、オープンダイアローグの提唱者セイクラの論文や、その源流にある、序章でも取り上げたバフチンのポリフォニーの議論や社会構成主義の理論にも言及している。その上で、治療的な目的ではなく、精神医療をより良いものにするための、関係者間での敵対関係を超えた、共通の理解、共通の言語形成を目指したプロセスを構成するのがトライアローグなのだと感じた。

家族と当事者、支援者は、旧来の収容所体制の中では、対立する関係になりやすかった。だが、これはコップの中の争いであり、内部闘争である。本来は、精神障害者を排除する社会の問題を共に考え合うべき三者なのに、「あなたのために」というパターナリスティックな関係を押しつけたり、それに反発したり、という不毛な対立関係がこの三者の間で続いてきたのは、日本だけではない。この三者の対立を乗り越えて、協働の関係をつくるためのプロセスとして、トライアローグは非常に有効性があるだろうし、これはまさに現代版アッセンブレアそのものでもある。

両者に共通するのは、貧困や社会的排除、自分の苦しい経験などを個人の問題とせずに、グループの中で開き、共有することで、その内容を社会化するプロセスである。その動的プロセスのなかで、立ち位置の違いを超えた連帯も生まれてくる。この点もすごく刺激的だと感じた。

リカバリーとお金

今回のバザーリア国際会議の報告に関してツイッターで呟いたところ、大反響をもたらしたツイートを再掲する。

竹端寛@takebata　2015年12月9日
精神病の人に、五〇ユーロを九か月間「投与」してみたら、対象群に比べて不安やうつ症状が減り、人間関係も豊かになり、生活の質も向上した、という興味深いスウェーデンの論文→Money and Mental Illness https://goo.gl/4RNtLc

これは、この研究グループのお一人であるスウェーデン人の心理学者、Alain Toporさんが講演で触れた話をネット検索で探して、見つけた論文[9]の紹介である。このツイートは爆発的に広がり、二日間で六千人がリツイートし、一カ月で一万リツイートを超え、今でも時折リツイートされている。当該論文はResearch Gateという研究者たちが論文を公開でシェアするサイトにアップされていたので、僕がその引用もしたところ、「Toporさんの論文はそれまで毎週数十件のアクセスしかなかったのに、それから二週間の間に二万四千件のアクセスがあり、スウェーデン人研究者として最もアクセスの高い研究者に一躍躍り出た。僕がメールで彼に連絡を取ったところ、「最も読まれるスウェーデン人の論文と言われ、バグかと思った」と驚いていた。

なぜこれほど反響があったのか。それは、精神医療と貧困問題がそれほど密接に結びついているからだろう。彼は元々リカバリーを専門にする研究者だが、薬物療法も認知行動療法も心理療法も、効く人には効くし、効かない人には効かない、というデータを前に、では精神疾患のリカバリーって何だろう、という根本的な問いをもつ。この問いから、貧困と精神医療の関係を調べたのが上記の論文であった。

この論文を少し紹介しておこう。百人の重度精神障害者に五〇〇スウェーデンクローナ（約七千円）

を九カ月間渡す実験を行った。対象者は統合失調症が約半分で、人格障害や双極性障害の人も十数％ずつ含まれているが、依存症の人は調査対象から外した。この実験の目的は、重度精神障害者の症状と経済状態、それから生活が結びついているかを調べることであり、社会的活動や余暇のための「ほどほどの金銭的支援」は重度障害者の社会的交わりや自己効力感、症状や機能に影響を与えるか、というリサーチクエッションを設定して調査に臨んだ。実験の結果、機能障害の改善は見られなかったが、それ以外の部分で改善が見られた。家族や友人と喫茶店やレストランで会ったり、友人を招いたりする等の社会的交わりが増えたとか、自己効力感（self-efficacy）が上がり、否定的な感情が減る、という効果があったという。実はこの研究はアメリカでも以前に行われていて、同じような結果も出ているという。ここから筆者たちは、精神障害者が地域の中で直面する困難を、個人の症状や失敗のせいばかりにせず、彼らの暮らす生活環境の実態も考慮に入れる必要性がある、と論じている。

彼の話を聞き、論文を読みながら、僕が思い出していたのは、四十年前からバザーリアが繰り返し精神医療と貧困の話題に触れていたことだった。

貧困は産業化されてきた。それは、国内での植民地化への問いかけであり、一般的な経済的現状の保持という同じ戦略への異なる戦術である。古い社会サービスシステムと共に、福祉は失業者の悲しみをなだめる努力をする一方、彼らの蜂起する力を弱める努力もしている。もし、蜂起が「病気」と定義されたら、そしてもしその治療のために施設があるなら、そのサイクルは完全なものとなり、システムはいかなる脅威からも、しばらくの間は護られることになる。貧困者のための贅沢な病院は、システムの寛容な側面にすぎない。このシステムは生き残るための新しい方法を生み出し、生産の歯車の中に回収するための（対象化やよそよそしさと同一の）新たな目的を考案したのだ。（Scheper-Hughes and Lovell eds. 1978:133）

精神障害者の社会的入院自体、「産業」としての「貧困ビジネス」の側面がある。バザーリアはこの文章をアメリカの脱施設化の実態を調べたあとに書いているが、たとえ地域で精神障害者を支えるとしても、「福祉は失業者の悲しみをなだめる努力をする一方、彼らの蜂起する力を弱める努力もしている」のであれば、精神障害者を統制する「植民地化」として機能している。本来、精神障害者の支援で必要なのは、病院や地域の施設に収容して「生産の歯車の中に回収する」ことではない。そうではなくて、「彼らの蜂起する力」も含めた、生きる力を取り戻すリカバリーやエンパワメントの支援のはずである。

その時、「貧困」を精神障害との強い関連づけで捉えるならば、単に収容や支援を行い「彼らの蜂起する力を弱める努力」をするのではなく、生きる希望を取り戻す支援や、あるいはこの実験にあるような金銭的支援をしたり、年金の支給額を上げたり等、社会的交わりを増やし、自己効力感を上げる支援が必要不可欠である。それがないと、貧困と社会的排除の悪循環にはまり込み、症状という形で表出される「蜂起」は「生産の歯車の中に回収」され、抑圧されたままとなる。ネット上で大反響があったのも、そのような貧困と精神医療の深い関係に注目が集まったからではないか、とも感じられた。

脱・収容所化は、単に病院を閉鎖して地域に拠点を移せばそれでよい、というのとは全く違う。収容所主義が当たり前にしている価値前提を疑い、違う価値を専門職・当事者・家族などが共につくり上げていく必要があるのだ。それがトライアローグの前提にある。そして、その際に、「自由こそ治療だ」と喝破したバザーリアの価値前提をFreedom Firstという形で継承していく必要がある。そして、単に精神保健サービスのみの改善や改革にとどまらず、貧困と精神医療など、より広い社会的包摂の文脈の中で議論しないと、脱・収容所化は完了しない。

こういったことが、四十年後のトリエステでは熱心に討論され、しかもトリエステ精神保健局で働くバザーリアの後輩たちが、その会場にはたくさん参加していた。こういう形で、バザーリア思想は生きたものとして継承されていくのだ、ということを目の当たりにした三日間だった。

＊バザーリアの治療論は、第十章でもう一度論じることとする。

間奏曲①「世界の平和」と「家庭の平和」

バザーリアの人間的魅力を語る上で、僕が好きな次のエピソードを取り上げてみよう。

一九六八年という緊迫した時期のことです。若者たちが家族や社会一般の抑圧に対して立ち上がったとき、イタリアのなかで、私は反乱の頂点の一つに立っており、リーダーの一人と見なされていました。しかし、ある日家に戻ってみると、一六歳の息子が家出していたことに気づいたのです。信じられないほどの驚きで、言葉にならない苦しみでした。この出来事から受けた大きな衝撃が、文字通り私を成長させてくれました。自分が悪い父親だということを理解したからです。私は優れた革命家だったかもしれませんが、最低の父親だったのです。これは計り知れないほどの矛盾であり苦しみでもありました。（略）そしてここから、他者の個性を尊重しながら、他者との関係において自分自身の個性を主張する人間として、活動家の真の議論が始まるのです。（バザーリア、二〇一七：二〇七頁）

©Claudio Erné

「革命家」は、抑圧された社会からの民衆の解放を通じて「世界の平和」を目指す。でも、そういう人に限って、崇高な理念に身を捧げる余り、「家庭の平和」を犠牲にしやすい。これは洋の東西を問わず、共通するようだ。バザーリアもリーダーとして若者から求められた、ちょうどその時に、「一六歳の息子が家出していたことに気づいた」。医者の不養生、ともいえる出来事だった。

だが、自分自身の身に降りかかった「計り知れないほどの矛盾であり苦しみ」に対して、「世界の平和」のためには、「家庭の平和」を犠牲にしても仕方ない、と安易に蓋をしなかったのが、実にバザーリアらしい。「革命家」はまた「最低の父親」でもある。この矛盾や苦しみをそのものとして受け止め、向き合うことから、「他者の個性を尊重しながら、他者との関係において自分自身の個性を主張する」バザーリアの人間的成熟が進んでいった。「世界の平和」のためにも、まずは「家庭の平和」なのだ。

第四章　ニイリエの「二つの人生」

外向直観型

彼は芽生えてくるもの、未来を約束するものに対する繊細な嗅覚をそなえている。一般に認められてはいるがしかし制約された価値しかもっていないような、古くから存在している、基礎のしっかりした、安定した境遇などには、彼は無縁である。彼はつねに新たな可能性を求めているので、安定した境遇にいると、いまにも息がつまりそうになってしまう。新たな客体や通路をつかまえようとするときにはひどく熱心で、ときには異常なほどの熱狂ぶりを示すが、それらの全貌が明らかになり、これ以上もはやはかばかしい進展は望めないという段階にたちいたるやいなや、たちまちありがた味を忘れて、もうなんの未練もないとでもいうように、冷酷にそれらを見捨ててしまう。なんらかの可能性のあるかぎり、直観型の人間は運命的な力でもってしっかりとそれに結びつけられている。それはまるで、彼の全生命がこの新しい状況に溶け込んでいくかのようである。（ユング、二〇一二：一一二―一一三頁）

フロイトとならび、人間の無意識の世界を解き明かし、分析心理学を創始した心理療法家のユングは、人間の基本的性格として思考・感情・直観・感覚の四類型を提示し、また客観的な事物に関心の向く外向型と自分自身の内面に関心の向く内向型の二つの特性と掛け合わせ、計八つの基本的な「心理学的類型」を導き出した。そして、外向型で直観を主機能としてもつ外向直観型の特徴を、冒頭の引用部分のように提示している。

蛇足になるが、僕自身も（恐らく）外向直観型なので、この部分を何度か読み返しているのだが、今回読み返していた折に、この記述こそ、「ノーマライゼーション育ての父」とも言われ、知的障害者の入所施設の世界的な縮小へと導いたスウェーデン人、ベンクト・ニィリエの生き様そのものではないか、と思うようになった。別に僕は他人にラベリングをしたいのではないし、直接の診察もしないのに病名を付ける精神科医と同じことをしたいのでもない。だが、この記述を「仮説」として、彼の足跡を捉え直すと、これまで見えていなかった何かが見えるのではないか、という「嗅覚」を抱いている。

かつて一度だけ、生前のベンクトさんにお目にかかったことがある。半年間スウェーデンに住み、彼の地の障害福祉政策の実情を調べていた二〇〇四年一月、晩年のベンクトさんが拠点にしたウプサラでインタビューさせて頂いた[10]。当時から、なぜこの人が「ノーマライゼーションの原理」という理念をつくり出すことができたのか、その原理が結果的に世界中の知的障害者入所施設を縮小・解体することになったのはなぜか、という原動力というか、人間的駆動力の背景が知りたかった。もちろん、彼自身の著作やノーマライゼーションに関する研究書にも、ある程度の背景は書かれていた。だが、なぜ彼がこの原理を形成できたのか、をこの目で確かめてみたかった。

その「繊細な嗅覚」だけを頼りに、ベンクトさんにお目にかかってから一二年後の二〇一六年二月、スウェーデンを再訪し、彼のことをよく知る研究者であるウプサラ大学名誉教授のモーテン・スーデル氏や、彼の妹のブリッタさんにもお話を伺った。二〇〇六年に亡くなられた後、彼が埋葬されているリンショーピングにあるお墓にもお参りすることができた。この旅は、ベンクトさんの主著『再考・ノーマライゼーションの原理』（現代書館）の翻訳者であり、通訳として、友人として、何度も生前のベンクトさんと時間を過ごされたスウェーデン在住の通訳・翻訳家のハンソン・友子さんにコーディネートして頂き、インタビュー時や旅の合間に、様々な彼の逸話を伺うこともできた。

それらのお話を頭の中に詰め込んだ後、日本に戻って冒頭のユングの記述を何気なく読み返していたら、ベンクトさんの人生って、まさに「直観型の人間は運命的な力でもってしっかりとそれに結びつけられている」としか思えない何かがある、と浮かび上がってきた。それは、彼が「ノーマライゼーションの原理」を生み出す以前の、二十代までの「別の人生」について、「これ以上もはやはかばかしい進展は望めないという段階にたちいたるやいなや、たちまちありがた味を忘れて、もうなんの未練もないとでもいうように、冷酷にそれらを見捨ててしまう」と他人には見えるプロセスを見据えない限り、浮かび上がってこないものである。

うか。

では、彼は一体何を「見捨てて」、どのような「新しい状況に溶け込んで」いこうとしたのであろ

アカデミックドロップアウト

ニィリエ自身による伝記的記述の中では、彼がＦＵＢ（スウェーデン知的障害児童・青少年・成人同盟）に関わり始めた一九六一年以後のエピソードや、一九五六年からのハンガリー動乱時にオーストリアの難民収容所で働いた経験は詳しく書かれているが、それ以前の記述は、極めて短い。

私の個人的な履歴について述べたい。一九四三年度からウプサラ大学で法律、実用哲学、文学史、文化人類学、芸術・建築史を学んだが、一時休学し、一九四九年度から無政府主義的な団体の日刊紙『労働者』の文化編集局長を務めた。さらに、一九五二年から五四年まで、アメリカのエール大学とパリのソルボンヌ大学で、モダニズムの文学研究をした。一九五五年から五六年まで、ニューヨークの国連からのラジオ放送にかかわった。ヘルゲストロム、フロム、ベネディクト、ラーゲルクビスト、ヘデニウス、ヘミングウェイ、アーリン、ダーゲルマンなどの作品、特にグンナー・エ・ケルーフとエリック・リンドグレーンの作品などは忘れがたいものだ。こういったいくつかの体験や職業から得た経験が、後のＦＵＢにおける仕事につながる重要な意味を持っていた。（ニィリエ、二〇〇八：四三頁）

一九二四年生まれの彼が、支援現場に関わる仕事に初めて就いたのが、前述の一九五六年、三二歳のときである。それ以前の経歴は、たった数行でまとめられているが、二十代までの彼は、その後の人生とは一見「無関係」に思えるジャンルに関心をもっていた。北欧最古の大学で、スウェーデンで最も権威あるウプサラ大学に進学したときには、父の希望で弁護士を目指そうとした。だが、文学青年だった彼はその情熱を捨てきれず、法学から人文学に専攻を切り替える。兵役で休学した後、エール大学やソルボンヌ大学にも批評研究で留学している。第二次世界大戦直後はスウェーデンでも大学進学率は低く、ましてや世界レベルの大学に留学し、文学研究に没頭するならば、文学を教える大学教員の道も、決して夢ではなかった。

また、彼の自伝に名を挙げられた、彼が影響を受けた人の多くが文学者や詩人であり、彼自身も詩を愛し、自分自身でも詩を書いていた。実際にニィリエはスウェーデン人の詩人エ・ケルーフの評伝を書こうと資料を集めていたが、妹のブリッタさんによれば、「晩年になってエ・ケルーフの愛好家に資料を託し、彼が亡くなる前に評伝が刊行された」という。またアメリカにいたときには、反ユダヤ主義的な言動ゆえにアメリカ政府から反逆罪に問われ、精神病院に幽閉されていた詩人エズラ・パウンドを何度も訪問している。この訪問は、ニィリエの昔からの友人で詩の愛好家でもあり、当時国連総長をしていたダーク・ハマーショルドの仲介によるものだった。[11]このように彼の二十代は文字どおり、文学三昧であった。

ただ、博士の学位をもたない彼は、大学以外の場で稼がなければならなかった。一九五四年に奨学金が切れてスウェーデンに帰国後、外国人にスウェーデンを紹介するスウェーデン文化協会に一年ほど勤め、翌五五年にはまたニューヨークに戻って今度は国連のラジオ放送局に一年ほど勤める。次第に軸足が文学から遠ざかるが、ハマーショルドをはじめとした国際機関の関係者と付き合い、英語での仕事に従事する。インターネットも格安航空会社もない六〇年前に、これほど大陸間を行き来しながら様々な仕事に従事できたのは、彼にコミュニケーターとしての才能があったからであろう。これらの三十代前半までの経験を、晩年の彼は、「こういったいくつかの体験や職業から得た経験が、後のFUBにおける仕事につながる重要な意味をもっていた」と総括する。これは一体どういうことか。この点に関して、ニィリエの良き理解者で、晩年の個人的な友人でもあったモーテン・スーデル氏は、こんなふうにも語っている。

「彼はアカデミックドロップアウトだ。もともと文学者に憧れていたが、実際に偉大な才能と出会い、自分にはできないと感じたのだろう。それは、モーツアルトに出会った『サリエリ』効果のようなものだ。『この人は良い』と思って、いろんな詩人を見出したが、それは他人の才能を認めた上で、自分は諦めた、ということ。障害者福祉は、自分の生計の糧から関わりはじめた。」

「アカデミックドロップアウト（研究世界からの脱落者）」と「生計の糧」。ずいぶんドギツイ言い方だ。

だが、この二つの間に、「これ以上もはやはかばかしい進展は望めないという段階」という補助線を入れたら、見えてくることがある。二十代までのニィリエは、詩や文学の世界で「本物」に囲まれ、自らも文芸批評の分野で生きていくことを夢見ていた。だが三十代に入り、「はかばかしい進展は望めないという段階」という人生の危機において、「生計の糧」のために飛び込んだ領域で、「運命的な力でもってしっかりとそれに結びつけられ」ていくのである。その転機の場所が、オーストリアの難民収容所だった。

オーストリアでの転機

難民収容所で仕事に就く経緯について、ニィリエはこう語っている。

一九五六年の十一月、ハンガリーの民主的な独立の試みは、ソ連の戦車や軍隊により破壊された。約二十万人近いハンガリー難民が、国境を越えてオーストリアに流入してきた。スウェーデン赤十字からの毎晩のような電話依頼で、私は一週間後には現場に到着していなければならないようなスウェーデンチームの社会福祉官に着任するよう要請された。（前掲書：四五頁）

前述のように、ニィリエはスウェーデンの最高学府出身で、国連関係者ともつながりがあり、また「生計の糧」を得るための英語での実務経験も豊富であった。そんな彼に白羽の矢が立ち、オーストリアの田舎町トライスキーシュに難民収容所の「社会福祉官」として着任したあたりから、彼の物語は大きく動き出す。

最初の私の職務は、外国への移住という複雑な状況に関して信頼できる情報を見出し、難民に伝えることだった。受け入れ国の割り当て人数はすでに一杯で、新しい割り当てが決まるまでには時間がかかった。収容所で生活している人々から信頼を得、流言が広まることを防ぐためには、常に真実を伝えることがきわめて重要なことだった。（略）皆が同じ情報を得ることができるように、個人的な問題について話す場合以外は、私の部屋のドアを原則的にいつでも開けておくようにした。
（前掲書：四六頁）

この記述からだけでも、彼の任務が実に切迫した状況下のものであり、彼は実務家としての危機対応能力が大きく問われたことが見て取れる。彼はこの社会福祉官の任務を見事にこなし、四カ月後の一九五七年四月から十二月までは、ウィーンの国連難民高等弁務官事務所で「難民収容所監査官」の仕事にも従事した。その頃、彼のプライベートな部分でも、人生の転機になる出来事が起こった。ニィリエの妹、ブリッタさんはこう語っている。

「彼のガールフレンドが年上の女性で、子どもが二人いる女性だった。その彼女が、ベンクトを求めてウィーンへ追いかけてきた。そして、二人はウィーンで結婚する。彼はいきなり、妻と子どもがいる妻帯者になり、文学どころではなくなって、生計を立てるために、仕事に就かなければならなかった。」

オーストリアで難民収容所の仕事に就くまでのニィリエは、三つの国の大学で文学批評を学び、一流の詩人とも交友する文学青年だった。だが、「アカデミックドロップアウト」を経て、「生計の糧」のために飛び込んだ世界で、彼は別の現実を知る。それは、文学に目を向けていた青年にとっては全くの未体験であり、人間の実存に直結する現実だった。

私は、難民になるということは、自分の過去の歴史が抹殺され、新しい環境では何の意味もないか些細な価値しかもたない状況に陥るのだということを学んだ。私という人間を誰も気にかけてくれず、誰も信じてくれず、誰も信頼してくれないのだ。（略）こういう状況に耐えられたのは、夢や希望や、将来に対する必死の思いがあったからだ。人間は、無力感や不安感には短期間だけしか耐えられないものだ。（前掲書：四八頁）

目の前に、「自分の過去の歴史が抹殺」された人がいる。自分の部屋のドアを開けて、日夜そういうハンガリー難民の境遇を聞き、信頼されない、気にかけられない「無力感や不安感」をじっくり聴き続ける。ヘミングウェイ文学が特にお気に入りだったニィリエにとって、「無力感や不安感」というのは文学上の大きな課題でもあった。だが、難民収容所では、まさにそれを体現している難民たちがいる。その人々の実存に触れ、自分自身にできることは何か、と問いかけられたのが、オーストリアでの転機だった。これは、文学的探求という二十代までの「第一の人生」から、無力感を抱く人への支援の道、という「第二の人生」への大きな転機であった。しかも、その後の人生も、この収容所でのつながりから切り開かれていく。

文学から支援の世界へ

「トライスキーシュでの難民収容所の所長がベンクト・ユンケルだった。有名なマーガリン会社の社長だった。そのご夫妻の三人の子どものうちの二人が知的障害だった。所長のユンケルは、ニィリエにアイデアがたくさんあることに気づいた。ウィーンからスウェーデンに帰ってくるとき、マーガリン会社に入らないか、と彼を誘い、ニィリエはその会社の広報部長に着任した。一九五六年にユンケルと妻が、知的障害の二人の子どものためにFUBをつくった。だが活動は何もしていなかったので、FUBをもっと稼働させてくれ、と創始者からニィリエは頼まれた。小さなオフィスで、タイプライターを使える主婦と一緒にオンブズマンの活動を始めた。当時は知的障害について、何も知らなかった。」

ブリッタさんが語るこの逸話を聞いて、断片的なことがグッとつながってきた。日本語の著者略歴を見ても、難民高等弁務官事務所を辞めた一九五八年から、「小さなオフィスで、タイプライターを使える主婦と一緒にオンブズマンの活動を始めた」一九六一年までの間に、書かれざる「空白の期間」があった。「生計を立てるために、仕事に就かなければならなかった」ニィリエが、オーストリアからの帰国後迎え入れられたのは、マーガリン会社の広報部長だった。その社長のユンケルは、FUBの創設者だけでなく、スウェーデンの（ボーイ）スカウト連合の代表でもあった。そして、ニィリエは五八年に、スウェーデン赤十字とスカウト連合が協働で始めた、「脳性マヒの児童に新しい可能性を生み出すための募金キャンペーン」の仕事に関わる。

この活動に従事するなかで、彼の文学世界と支援の世界が融合し始めることになる。それは、脳性マヒの若者グループたちの「ヘミングウェイの読書会をしたい」という会話を聞いたところからスタートした。前述のとおりニィリエはヘミングウェイを愛好しており、脳性マヒの若者たちにその文学世界や解釈を伝えることは、彼にとっては「第一の人生」で得意としてきたことだった。アイデアマンのニィリエは、早速脳性マヒの若者グループでの読書会を開催し、『ニック・アダムズについての短編集』や『老人と海』を取り上げた。そして、この若者たちとの語らいは、彼の「第二の人生」に大きな教育効果をもたらした。

これらの若者たちはヘミングウェイ文学の読み方を〝学ぶ〟ことができたが、私が彼らから学んだことのほうがずっと大きかったのだ。これらの若者の他人への依存程度を理解すると、彼らがどんなに無力に感じているかということがよく理解できた。この若者たちは難民と同じように考えている部分が多かったのだ。難民と同じく、これらの若者の過去は取り上げて語るに値しないもので、教育程度は同年齢の他の人たちよりも劣っていると承知しており、未来を築き上げるための安定した土壌もなかったのだ。（略）彼らは他人に依存し、依存しなければならないことに自尊心を傷つけられていた。こういった若者たちとかかわることで、機能障害のある人々にとって、自立し自己決定の権利をもつことがもたらす特別な意味合いや、大人になることがどれほど困難なことかということを、初めて想像出来るようになったのだ。（前掲書：四九–五〇頁）

ニィリエにとって「無力」という切り口は、ヘミングウェイと難民と脳性マヒ者をつなげて理解する重要な概念であった。確かに『老人と海』も、無力と自立の相克や、自己決定や自己実現を巡るドラマであるとも言える。そしてハンガリーで対面した難民も、スウェーデンで出会った脳性マヒの若者たちも、あの文学世界で描かれたのと同じような深い「無力」に苛まれていた。それは、個人の能力や身分ではどうにもならない、「難民」や「障害者」というカテゴリーによって、社会的に付与された部分でもあった。

ニィリエは、そんな無力な脳性マヒの若者たちの「自尊心」を取り戻すために、ヘミングウェイを共に読み進めた。このような「自尊心」を取り戻すための支援は、以前の難民収容所でも既にチャレンジしていた。彼は、難民収容所で口々に要望を訴える人々を前に、同じような課題をもっている人同士で話し合い、提案をもってくるように、と促した。オーストリアの警備員たちは、「皆はおとなしく感謝していればいいので、会議など開くべきではない！」と反対したが、彼はこのエピソードを次のように語っている。

その後、私が知的障害者たちによる会議を開催した際に、まったく同じような苦情を再度耳にすることになったのだ！　民主的なプロセスというものは、完璧なコントロールを必要としている人たちにとっては、常に脅威なのだ。（前掲書：四七頁）

会議を開く、というのは、自己決定権を難民に付与する、ということである。一方、警備員たちは「完璧なコントロールを必要としている人たち」であり、難民への権限付与を望んではいなかった。だが、「無力」状態の人が自尊心を取り戻す上で、自分たちで考えて、自分たちで決める、というプロセスは必要不可欠なものである。ニィリエ自身、この逸話にもあるように、一〇年後に同じようなプロセスを進めていき、成功と挫折を味わうことになるのだが、それは後にじっくり触れることにする。

ＦＵＢでの「嗅覚」

冒頭で引いたユングの文章の中に、「なんらかの可能性のあるかぎり、直観型の人間は運命的な力でもってしっかりとそれに結びつけられている」というフレーズがある。オーストリアの難民収容所の所長だったユンケルは、知的障害者の家族で、FUBの創設者の一人だった。彼に誘われ、その協会の最初の有給スタッフとしてニィリエが雇用されたのは一九六一年。彼がFUBを退職するのは七一年なので、わずか一〇年の勤務である。だが、そのなかで、彼は「芽生えてくるもの、未来を約束するものに対する繊細な嗅覚」を存分に発揮し、「運命的な力で」知的障害者支援の世界に「結びつけられ」ることになった。その最大のきっかけが、入所施設の訪問であった。

一九六一年から一九七〇年までの間に、私は数限りないスウェーデンの寄宿制の学校、児童と成人の施設のためのランスチング（県の医療責任体）の中央組織が運営する施設など、六つの国立特別病院、さらに、いくつもの小規模ホームや入所施設を訪問した。これらすべての訪問の間中、私は常に人々の話を聞き、職員と会話し、特に入所者と話をするよう努力した。（略）そのおかげで、私は、隔離され、水面下に独自の世界をつくっている分野に関する、非常に恵まれた教育を受けることができたのだ。施設を訪問したことにより、入所者の孤独さ、計画性のない生活、単純な規則と憂うつな環境などに気付いた。もちろん、新築の施設の状況は改良されて、内装も魅力的ではあったが。（前掲書：五二－五三頁）

彼はこの仕事に就いたとき、自らを「オンブズマン」と呼ぶことにした。スウェーデンには十八世紀から「国会に対し責任を負っており、公的機関の活動における法令の適否を監視する機能を担っている」、司法と行政から独立した「国会オンブズマン」の制度的伝統があった。[12] この「オンブズマン」という名前を自らの新たな職務に名付けたとき、ニィリエは、FUB「に対して責任を負っており」、知的障害者の生活状況について全般的に「監視する機能を担っている」役割を担おうと企図した。ただ、その仕事の内容は、彼自身がつくり上げたものである。このあたりも、「一般に認められてはいるがしかし制約された価値しかもっていないような、古くから存在している、基礎のしっかりした、安定した境遇などには、彼は無縁である」という外向直観型の特性にぴったりであったのかもしれない。

彼が「オンブズマン」として取り組んだのが、とにかくたくさんの現場を訪れることだった。「常に人々の話を聞き、職員と会話し、特に入所者と話をするよう努力」するなかで出会ったのが、「隔離され、水面下に独自の世界をつくっている分野」であった。そして、それは難民収容所や脳性マヒの若者たちとの読書会の経験の延長線上にあった。彼が見聞きしたのは、「無力感や不安感」であり、「入所者の孤独さ、計画性のない生活、単純な規則と憂うつな環境」であった。難民収容所とは違い、「新築の施設の状況は改良されて、内装も魅力的ではあったが」、どんなにハード面が優れていても、そこにいる人間の尊厳や自尊心は保たれていなかった。しかも、それらの世界は、隔離された環境ゆえに、一般の市民の目には触れない「水面下に独自の世界をつくっている分野」であったのだ。つまり、難民や脳性マヒの若者たちと同じように、「自分の過去の歴史が抹殺され、新しい環境では何の意味もないか些細な価値しかもたない状況」に置かれていたのである。
「当時は知的障害について、何も知らなかった」というニィリエだが、ＦＵＢのオンブズマンとして入所施設を訪問し続けるなかで、彼の「嗅覚」は、「芽生えてくるもの、未来を約束するもの」を探り続けた。そのなかで、彼はある決定的な事実に行き当たる。

多くの家族が家庭で障害のある児童の世話をしていたが、これらの児童は、私が「重症心身障害」児童向けのユニットで出会った子どもたちよりも、ずっと障害の程度が重いこともあるという現実に目を見張らされた。さらに、地域社会で出会った、児童、青少年や成人には、施設で出会った人たちと同じ程度の〝障害がある〟人たちが多いということにも驚かされた。ということは、隔離された施設のみがケアの唯一の方法ではないということなのだ。一般社会で成長することは、物事を学ぶためにより多くの刺激に満ちた経験をさせてくれ、より大きな安心感や喜びを与えており、社会的支援がなかったとしても家族との接触度合いを増してくれているのだ。（前掲書：六四頁）

「障害が重いと地域社会では暮らせない」「入所施設で専門的なケアを受けたほうが良い」というごく一般的な先入観。だが、実際に入所施設や地域で暮らす知的障害者の暮らしをオンブズマンとして観察してまわるなかで、「隔離された施設のみがケアの唯一の方法ではない」という、今となっては当たり前だが、当時の常識に全く反することを、ニィリエの「嗅覚」は嗅ぎ取った。「『重症心身障害』児童向けのユニットで出会った子どもたちよりも、ずっと障害の程度が重い」人が地域の中で暮らしている。この現実を前にしたとき、「重度障害者＝入所施設」という等式が偏見に過ぎない、ということに彼は気付かされた。彼の「嗅覚」が探り当てたこの気付きは、「ではどうすれば良いのか？」という「芽生えてくるもの、未来を約束するもの」を、やがて生み出すことになっていく。

「文化の型」から気付いた「違い」

一九六三年度から一九六六年度の間に、私は看護師、ソーシャルワーカー、親たちや政治家も含む一般市民への講演の際には、教育学的な方法をとるようにしていた。まず、ごくあたりまえの人やその家族の「ノーマルな一日」について語り、それから知的障害のある児童や、青少年、成人そしてその家族が経験している一日と比較してみたのだ。同じように、両方のグループの人たちの「ノーマルな一週間」を比較してみた。さらに、引き続いて、「ノーマルな休暇」や、「ノーマルな青年時代」というように比較していった。こうすることで、両者の置かれた状況の違いを示し、障害のある人たちの状況をよりノーマルでハンディの少ないものにするためには、何を変革する必要があるかを指摘することができた。（前掲書：六五－六六頁）

スウェーデン社会の「ごくあたりまえの人」の「ノーマルな一日」が、今ほど多様性に富んではいなかった半世紀前、知的障害者が経験している一日と、「ごくあたりまえの人」の標準的なそれとを比較してみると、大きな違いがあった。それは、施設に収容されることによって生み出された、「両者の置かれた状況の違い」であった。

なぜニィリエがこのような「違い」を見出すことができたのか。確かに彼は「数限りない」入所施設を訪問することで、「隔離され、水面下に独自の世界をつくっている分野に関する、非常に恵まれた教育を受けることができた」。とはいえ、入所施設や精神病院で働くスタッフも同じ経験をしているはずである。だが、一般の人の生活と知的障害者の生活の「比較」という観点は、ニィリエが独自に編み出したものだった。そこには、彼の「第一の人生」時代の遺産がしっかり根付いていた。二〇〇四年に僕がニィリエに直接インタビューしたとき、彼はこう語っていた。

「ルース・ベネディクトの文化人類学にも大変多く学びました。ルース・ベネディクトは人間の考え方を、相対的に見ていました。人間は生まれたときから、青年期、成人期、そして死ぬまでに、様々な宗教的儀式があるのですが、そのイニシエーションの過程は、その人の地理的条件、文化の発展の過程によって違う、ということを書いていました。つまり、その人が住んでいる文化的パターンが、この人の、他人に対する見方に影響を与えているのです。何がいいか、何が悪いかということに、文化的パターンが大きな影響を与えているのです。すると、文化的パターンがその人の養育や成長に関わってくる、ということを感じました。」

戦争中にアメリカ軍に協力して日本人の内在的論理を資料分析で浮かび上がらせた『菊と刀』で知られるルース・ベネディクトは、一九三四年に発表した『文化の型』の中で、「一つの個別文化はいわば思想と行動のともかくも一貫したパターンなのである」（ベネディクト、二〇〇八：七四頁）と規定し、個別文化にそれぞれの統一性があることを見出した。これは「未開文化」とラベルが貼られ、西洋市民社会より劣った存在と見なされたニューメキシコやニューギニアの先住民族の内在的論理とその一貫性を浮かび上がらせた大作である。ニィリエの「嗅覚」は、「第一の人生」で学んだこの知識が、「ごくあたりまえの人」より劣った存在とラベルが貼られ、「隔離され、水面下に独自の世界をつくっている」知的障害者の入所施設での生活にも当てはまるのではないか、と察知した。そう気付くと、二〇〇四年にニィリエが僕に語ってくれた以下の部分は、重要な意味をもつ。

「このことを知的障害者に当てはめたとき、その人の住んでいる生活環境が知的障害者を『より違う人』にした。入所施設、という生活環境がその人を変えてしまう。入所施設ではどういうことをしなければならない、という規則があり、その規則は間違った方向に向いていました。現実の社会に全然触れることのない環境で住んでいました。そして入所施設の中で、生きる環境をつくるなかで、権力体系ができあがって行きました。」

ニィリエは、「文化的パターン」が個人にもたらす影響力に着目した。同じような障害をもっていても、家族や友人のいる住み慣れた地域社会で暮らし続けるか、隔離され規則の多い入所施設で暮らすかで、その人の人生も生活パターンも大きく異なる。ということは、「その人が住んでいる文化的パターンが、この人の、他人に対する見方に影響を与えている」のである。ならば、この居住環境という「文化的パターン」を変えることができれば、知的障害のある生活もより良いものに変わるのではないか。そこから、「ごくあたりまえの人」の生活パターンと、入所施設で暮らす知的障害者の生活パターンを比較する作業を始めた。

「生計の糧」を得るために飛び込んだこの世界でニィリエが行った、比較検討のプロセス。これは、「障害のある人たちの状況をよりノーマルでハンディの少ないものにするためには、何を変革する必要があるかを指摘」するものであった。この彼の「嗅覚」は、やがて「彼の全生命がこの新しい状況に溶け込んでいくかのよう」に、ニィリエを世界的なステージに誘い、「第二の人生」での大きな成果を導くことになった。

第五章　一九六九年のニィリエ——時代の転換点

青い冊子の「再発見」

「ノーマライゼーションの育ての父」と言われるベンクト・ニィリエの足跡を辿るため、ストックホルムを訪れたとき、妹のブリッタさんのご自宅で、段ボール箱を二箱分見せて頂いた。そこには、ニィリエの遺品である資料類が詰まっていた。その中で、以前から欲しかった一冊のブックレットを発見する。同じ冊子が複数あったので、一冊をご厚意で頂くことができた。

“*The Normalization Principle Papers*”と書かれた青い冊子。一九九二年にウプサラ大学のハンディキャップ研究センターが作成した青色の小冊子である。これは前回もご紹介したニィリエの若い友人、ウプサラ大学名誉教授のモーテン・スーデルたちが、ニィリエの業績を一冊にまとめようと、彼があちこちで書いてきた英語論文をまとめて小冊子にしたものである。二〇〇三年にスウェーデン語で彼の集大成（ハンソン友子訳『再考・ノーマライゼーションの原理』現代書館）が刊行される以前に、ニィリエの業績をまとめた唯一の作品集であり、この小冊子が日本では『ノーマライゼーションの原理』（河東田博訳編、現代書館）として翻訳され、日本でのノーマライゼーション原理の普及に大きな影響を与えた。
僕は大学院生の頃、小冊子の訳編者でニィリエと親交も深かった河東田博氏の講義を受けた際、そのコピーを頂いていたが、当時見せて頂いた青い冊子を、自分の手にできるとは思っていなかった。しかも嬉しいことに、ベンクト・ニィリエの当時の自宅の住所が書かれたシールまで貼ってある。帰国後、その小冊子を読んでいたら、すごく大切なことが書いてあることを「再発見」した。

私は知的な発達の遅れの問題は、一つのハンディキャップの結果ではなく、以下の三つの要素の組み合わせだと考えている

1、個人の知的な発達の遅れ：適切な行動を行う際の機能障害に関連した認識上のハンディキャップ、学習の困難性、繰り返しの新しい経験や複雑な状況がもたらす要求を満たすことの困難、失敗ゆえのフラストレーション、我慢できないがゆえにしばしば悪化するコミュニケーション能力の欠如。

2、押しつけられた、あるいは後天的な発達の遅れ：行動の上での機能不全や機能低下として表現され、本人の周りの環境や社会によってつくられた生活状況の中での欠陥の可能性や、両親や職員、一般人の不満足な態度が原因である。施設環境の貧弱さや、教育や職業訓練が存在していないか不十分であること、経験や社会的な接触の不足、……等々が元々のハンディキャップ

の上に付け加わる。

3、自分が知的なハンディをもっているという認識：ゆがめられた自己認識や防御機制、内面の問題を閉じ込めることや、敗北主義者的な認識を引き起こす可能性がある。自分や他人の目の前で自己主張することは、多くの一般の人々にとっても難しいかもしれないが、知的にハンディがあると認識し、自分自身を理解することができないと認識しなければならないときには、自己主張というタスクの達成はほとんど不可能になる。（Nirje, 1992:47）

実は以前、日本語の翻訳で読んでいたときにはこの部分をしっかり読み込んでいなかったのだが、今回英語の原文を読んで、その重要性にようやく気付いた。そこで改めて翻訳書を読み直してみると、この部分の「訳編者コメント」には次のようなことが書かれていた。

本章で示されている「三つの障害論」は、彼の経験の中から築き上げた哲学的思考の中から生まれてきたもの、つまり、ニィリエの知的障害者観とも言えるものである。新訂版にあたり、訳編者たちは原文を読み直し、「三重の障害論」に修正を加えた。「まえがき」の項にあるように、この知的障害論は「後のＷＨＯの障害の定義（一九八〇年―一九九三年国際障害分類モデル）に近いものになった」と著者が記していたからである。著者の意を汲み、内容を精査し、新訂版では、「1、知的機能障害　2、社会的認知障害　3、障害の認知困難」と統一し、表記することにした。（河東田、

二〇〇四：五三頁）

河東田の言うように、この「三つの障害論」は「ニィリエの知的障害者観とも言えるものである」。であるがゆえに、この「三つの障害」のラベルに、後から「修正を加え」ることで、ノーマライゼーションの原理を生み出した（この論考を書いた）一九六九年や七〇年当時にニィリエが何を考えていたか、の本意が逆に見えにくくなるのではないか。このコメントを読みながら僕はそう感じた。それは一体どういうことか。

三つの要素の真意

大切な部分なので、少々議論が細部に入ることをお許し頂きたい。ニィリエの英語の原文では、一九六九年に発表した三つの障害に関する表記は、次のようになっていた。

1, The mental retardation of the individual 2, The imposed or acquired retardation 3, The awareness of being handicapped

ちなみに、一九七〇年に発表した別の論文では、1と2のretardationの部分はsubnormalityと変わり、3の部分はbeing mentally handicappedと書き直されている。retardationとは「遅延」や「遅滞」

を意味し、subnormalityとは「普通（標準）以下」という意味である。The retardedやThe subnormalには「知的な発達に遅れがある人」という意味があり、半世紀前には当たり前のように用いられていたが、現在では差別的表現としてどちらも使われていない。

先に僕が翻訳したのは一九七〇年バージョンのほうであるが、そちらのほうが概念的に整理され、日本語に訳しやすかったので、そちらを選んだ。そして、上記の三つの障害には、このような訳を割り当てた。

「1、個人の知的な発達の遅れ　2、押しつけられた、あるいは後天的な発達の遅れ　3、自分が知的なハンディをもっているという認識」

なぜこの部分を詳細に検討しているのか。それは、『1、知的機能障害　2、社会的認知障害　3、障害の認知困難』と統一し、表記すること」によって見過ごされた課題が、原文を読んでいて見えてきたからである。そのことを、一つずつ検討していく。

1については、ここに例示されている「認識上のハンディキャップ」「学習の困難性」「失敗ゆえのフラストレーション」などは、知的障害をもつ人の機能障害を表しているものである。それは「個人の知的な発達の遅れ」としても、「知的機能障害」と表現しても、どちらも同じ意味として理解することができる。

だが、2については、だいぶ違った景色が見えてくる。この障害の中身について、僕自身はかなり直訳的に、次のように訳した。「行動の上での機能不全や機能低下として表現され、本人の周りの環境や社会によってつくられた生活状況の中での欠陥の可能性や、両親や職員、一般人の不満足な態度が原因である。施設環境の貧弱さや、教育や職業訓練が存在していないか不十分であること、経験や社会的な接触の不足、……等々が元々のハンディキャップの上に付け加わる」。

「元々のハンディキャップ」が1の「知的な発達の遅れ」であるとするならば、そこに付け加えられたものが、2の構成要素である。そこにニィリエは「押しつけられた、あるいは後天的な発達の遅れ」とラベルを貼った。「押しつけ」たのは、この文脈では知的障害者以外の「両親や職員、一般人」、そして社会、である。また1が「先天的」、つまり生まれもった障害であるとするならば、2の「後天的な発達の遅れ」とは、本人が社会の中でどのように扱われるか、によって後天的に障害とされてしまう部分のことを意味している。周りの「環境」や「態度」「経験や社会的接触の不足」「教育や職業訓練の不在・不十分」など、社会の中で知的障害のある人が期待されず、役割を与えられていない状態にある、という「後天的」要素が、「先天的」要素に重ね合わせる形で「押しつけられ」、障害を増加させている、と言うことができる。この部分では、「社会」が「押しつけた」、という点を理解しておく必要がある。

そして3については、「障害の認知困難」とラベルを貼ることについては、僕は違う意見をもっている。僕自身は原文を直訳的に次のように訳した。「ゆがめられた自己認識や防御機制、内面の問題を閉じ込めることや、敗北主義者的な認識を引き起こす可能性がある。自分や他人の目の前で自己主張することは、多くの一般の人々にとっても難しいかもしれないが、知的にハンディがあると認識し、自分自身を理解することができないと認識しなければならないときには、自己主張というタスクの達成はほとんど不可能になる」。

ここから理解できるのは、「知的な発達に遅れがある」ことを認識することで、自己イメージにネガティブな影響を与える可能性がある、ということである。「自分は○○ができない」と認識することは、多くの人にとって落ち込む要素である。特に「自分自身を理解することができないと認識」することに直面すると、自信はすごく低下し、自尊心も下がる。それは「敗北主義者的な認識を引き起こす可能性」が高い。ということは、ここで書かれていることは、「障害」そのものを認知することが困難、というわけではなく、むしろ「自分が知的なハンディをもっているという認識」が、自己イメージや自尊心にネガティブな影響を与える、という意味での表現である、と受け取った。

そして、青い冊子を読むことで見えてきた「三つの障害観」こそが、「ノーマライゼーションの原理」の成立を理解する上での重要な鍵でもある。

現場訪問から見えた現実

前回も触れたが、ニィリエは元々、知的障害の専門家でもなく、学生時代から知的障害の研究をしてきたわけではない。彼は文芸批評を複数の大学で学んだ「アカデミックドロップアウト」であり、「生計の糧」を得るために、難民支援や脳性マヒの若者たちの支援に従事した後、一九六一年にFUB（スウェーデン知的障害児童・青少年・成人同盟）に「オンブズマン」として職を得た。そこからわずか十年足らずの間に、「数限りない」施設を訪問するなかで、独自の障害観をつくり上げていった。それは、彼が「専門家ではない」からこそできた、専門家の「盲点」を突くものであった。二〇〇四年にニィリエにインタビューしたとき、彼は僕にこう語っていた。

「入所施設職員は、本当は思いやりがあってしていたのだと思います。だけれど、この人のためを思って実践するのだけれど、間違った『ためを思って』やっていました。結局それが権力の行使につながっていきました。どういう意味か。一人の人が成長するための力を与えるのではなくて、職員の側が権力を行使していく、ということになっていった。

家族も全く同じです。なぜかというと、障害を抱える子どもの家族は、他の家族と同じような形で生活ができなかったからです。障害のある子どもの育った環境とは、否定的なものでした。障害者に機会が与えられていなかったからです。」

当時の入所施設でも「個人の知的な発達の遅れ」に関しての支援は行われていた。だが、「間違った『ためを思って』」の支援は、「一人の人が成長するための力を与えるのではなくて、職員の側が権力を行使していく」という形で作用していた。つまり、支援者や家族によって「押しつけられた、あるいは後天的な発達の遅れ」に関しては、「個人の知的な発達の遅れ」と間違った同一視をされていたのである。それは、「否定的」な「環境」や「機会が与えられていない」という「後天的」な要素を重要視していなかった、ということでもある。また、「自分が知的なハンディをもっているという認識」に関して、ニィリエは自らの施設訪問の経験を振り返り、次のように語っている。

施設を訪問した際、私は必ず、入所者と落ち着いたゆっくりした時間を過ごし、話ができる人たちの場合はその人たちと会話をするようにしていた。施設入所者たちの言語機能は、刺激や影響を受けられる環境で発達する機会がなかった。通常、入所ユニットは、ラジオかテレビがついていなければシーンと静まりかえっていた。入所者は、自分がどんなに退屈でつまらない日々を送っているかについて私に話してくれた。また、自分が生まれたことにより親にどんなに大きな問題を引き起こしたかということ、さらに、この施設から外に出ることは絶対にないだろうということをどのようにして理解したかについて話をしてくれた。

寄宿学校にいる生徒たちは、自分よりもずっとスリルで一杯の余暇を過ごしている兄弟姉妹をどんなにうらやましく思っているのかについて話してくれた。（ニィリエ、二〇〇八：四三頁）

ニィリエは知的障害について、知的障害者から学んだ。

これは、今では当たり前のことだが、五十年以上前では、「非常識」であった。専門家や大学教授が知識人とされ、知的障害者は「知的な発達の遅れ」があり、「バカな人だ」とラベルが貼られていた。学ぶ対象ではなかった。だが、ニィリエは、障害の専門家ではなかったこともあり、また「オンブズマン」と自らを名乗り、知的障害者の生活状況について全般的に監視する役割を担おうとしたとき、まずは知的障害をもつ当事者自身が、自分自身のことや生活にどのようなことを思っているのか、を率直に尋ねることからスタートしたのだ。

入所施設に突然見知らぬ人がやってきて、「ではあなたの話を聴かせてください」と性急に問われても、いきなり自分の不安やしんどさを理路整然と話す人はいない。「入所者と落ち着いたゆっくりした時間を過ご」すからこそ、「この人になら、話してもよいかもしれない」と語りが出てくるのだ。だからこそ「退屈でつまらない日々」や「親にどんなに大きな問題を引き起こしたか」「この施設から外に出ることは絶対にないだろう」「兄弟姉妹をどんなにうらやましく思っているのか」という本音を引き出すことができたのである。また普段「シーンと静まりかえっていた」環境に、ニィリエという「刺激」が入ることで、たくさん本音が出てくるということは、「施設入所者たちの言語機能」は、元々劣っているのではなく「刺激や影響を受けられる環境で発達する機会がなかった」という環境要素の部分が強かったことも理解し始めた。

知的障害者は自らの障害の認識が困難だ、というわけでは必ずしもない。障害があって、自分にはどうにもならない状況で、希望や自信をもつことが困難なのである。そのことに、彼ら／彼女らの語りからニィリエは気付いた。そしてそれは、かつて難民収容所の扉を開けた自室で聴いた無力感や不安感、脳性マヒの若者たちが読書会で語る「取り上げて語るに値しない」人生への絶望ともつながっていた。だからこそ、ニィリエの嗅覚は冴えわたり、抑圧的な環境というパターンが本人にどのような影響を与えるか、を分析し始めたのである。

社会的に構築された障害

ニィリエは、先に訳した一九七〇年の「三つの障害論」の言及の後に、次のようにその関係性を整理している。

これら三つの要素は独立している、しかし二つ目の要素は直接対処することが可能である。それゆえ、他の二つの要素に対処する現実的な前提を提供することにもなる。保護された退屈な環境は、個人的な活動や周囲の生活への関与を排除しており、知的な遅れのある人がどのようにしたら努力によってうまく対処することに成功できるかを学び、その結果として他者が自分に敬意を払う機会を得ることを、否定する。(Nirje, 1992:47)

ニィリエは、入所施設という「保護された退屈な環境」が、個人が「刺激や影響を受けられる環境で発達する機会」を奪っており、ゆえに他者からの敬意を得ることや、自尊心を高める機会をも奪っている、ということに気付いた。つまり、「押しつけられた、あるいは後天的な発達の遅れ」は環境要素による部分が大きく、それを改善することができれば「自分が知的なハンディをもっているという認識」についても違った捉え方ができるようになり、結果として「個人の知的な発達の遅れ」も変容するのではないか、と考えるようになった。

そして、このことに一番気付かされたのは、六〇年代中頃から交流を深めていたアメリカの入所施設を見学したときだった。僕がインタビューした折、ニィリエは次のように語っている。

「スウェーデンでは十人の子どもが一室に入れられていて、それがすごくかわいそうだと思っていました。ところがヨーロッパでは二十人から三十人の子どもが一室にいて、アメリカでは四十人から六十人の子どもが真っ裸で一室に入れられていました。しかも大人は百人以上の知的障害のある人が、ほぼ裸にされて、大きな一室に閉じ込められていて、何もすることはありませんでした。そして、入所施設が全くダメだ、役に立たない、全然ダメだ、ということに気づきました。なぜかというと、入所施設はお金がかかるだけで、何も役に立たない。入所施設の中では何も成長できない。入所施設でできるのは、そこにいる知的障害者を、そこの規則に合わせることだけで、これは当人の成長に何も役立ちません。また職員は、施設の入所者、と見なしてしまって、一人ひとりの個人としての個性を全然学びませんでした。しかも、施設の中にいると、みんなグループで接しています。」

入所施設の中では「規則に合わせることだけ」が求められ、「一人ひとりの個人としての個性」が尊重されず、その結果「何も成長できない」。つまり本人の成長可能性を奪っているのは、入所施設という環境そのものである。これがニィリエの到達した結論だった。しかも、スウェーデンだけでなく、他のヨーロッパ諸国やアメリカでは、その施設の論理がより強固なものになり、大規模収容が行われている。だからこそ、「大きな一室に閉じ込められていて、何もすることがない」「入所施設が全くダメだ、役に立たない、全然ダメだ」と気付いたのだ。

一九六七年二月に、スウェーデンの実践を見たアメリカの知的障害者の親の会（ARC）（現・知的障害のある市民のための会）の招きを受けて初めてアメリカを訪問したニィリエは、アメリカでも多くの入所施設を訪問し、スウェーデンの現実との比較をアメリカ各地で講演する日々を過ごした。その当時の経験を、こんなふうに語っている。

私は、アメリカで数限りない、悪臭にみちた、ほとんど家具も何もないデイルームを見て回った。このデイルームでは何ら活動もされていなく、入居者はみな裸同然で、個人として注目してもらっていなかった。入居者の受動的な態度は精神安定剤により強化され、そのおかげで多くの職員は必要ないと考えられていた。同時に、私は講義、議論や講演を通じて、自分の考えや分析、表現方法を集中的に発展させる機会を得ていた。私は、自分の見解の正しさに対する不信感を徐々に拭い去り、建設的な分析と批判のためのツールとして使用できるのではないかと自信を深めていった。社会におけるノーマルな生活条件を可能とするケアを、より強化しなければならない。そうすることにより、アメリカだけではなくその他の国々でも私が目にした施設という化け物を廃止することが

可能となるのだ。（ニィリエ、二〇〇八：八〇頁）

スウェーデンの入所施設では、「入所者と落ち着いたゆっくりした時間を過ごし」たり「会話」することもできたが、アメリカでの入所施設では、「入居者の受動的な態度は精神安定剤により強化され」、話すこともままならない人々が、「悪臭にみちた、ほとんど家具も何もないデイルーム」の中に大勢いた。その現実を数限りなく見て、アメリカの家族や支援者、行政関係者と議論をするなかで、「自分の考えや分析、表現方法を集中的に発展させる機会を得て」いた。「入所施設の中では何も成長できない」という「直観」を、「建設的な分析と批判のためのツールとして使用」し始めたのである。「施設という化け物を廃止することが可能となる」ために、最も強力な武器。それが、「社会におけるノーマルな生活条件を可能とするケア」という表現であり、六九年に「ノーマライゼーションの原理」として整理されたものである。

原理の生成前夜

「ノーマライゼーションの原理」が成文化されたのは、スウェーデンではなく、アメリカである。しかも、英語で発表されたこともあり、日本も含めた世界各国にその内容は広まり、世界中の入所施設の改革に影響を与えていく。彼に寄稿を求めたのは、「精神遅滞者に関する大統領委員会」だった。ニィリエのアメリカの入所施設批判の評判を聞き、一九六七年の年末に、六八年二月二十九日までに

「アメリカの大型施設に関する見解を、手短に、シンプルに書き下ろし、直ちに送るように」という依頼を受け取ったのである。

ただ、数限りない入所施設を訪問するなかで「自分の考えや分析、表現方法を集中的に発展させる機会を得ていた」ニィリエにとって、一年前に見た風景をそのまま活字にすることは憚られた。そこで、六八年五月末にFUBの大会が終了した後に数週間の休暇をもらい、六月前半にアメリカ各地で講演をしたついでに各地の入所施設も訪問し、その後ワシントンDCの健康教育福祉省で三日間缶詰になって、三人の書記官相手に口述筆記していった。しかも、その内容は、依頼されたものとは異なっていた。

私は、アメリカの施設についての印象を執筆してほしいと依頼されたが、ノーマライゼーションの原理について執筆してほしいと依頼されなかった。しかし、施設という環境で生活している知的障害者の生活状況を批判するためには、ノーマライゼーションの原理について語ることが、私にとっては必要不可欠なことだったのだ。ここで再度強調しておきたいことは、原理は、一般社会と施設内での障害者を見る見解について説明しているということだ。それは、ちょうど一枚の硬貨には裏と表があるのと同じことなのだ。（前掲書：九〇頁）

入所施設という「保護された退屈な環境」が、個人の成長可能性を奪う。そのような「押しつけられた、後天的な」要素によって、本人は絶望や無力感を抱き、「敗北主義者的な認識を引き起こす」。それが、「個人の知的な発達の遅れ」をより強固なものにする。このストーリーが「一枚の硬貨」の「裏」とするならば、それを「表」にひっくり返すことこそ、知的障害者への支援に必要不可欠な要素だ。つまり「施設という環境で生活している知的障害者の生活状況」という「裏」を批判するためには、「一般社会」での生活という「表」との対比が必要不可欠であると、ニィリエは確信した。そこで、「アメリカの施設についての印象」において、「施設そのものに知的障害をさらに悪化させる状況があり、そこは知的障害者を退化させているところなのだ」（前掲書：八八頁）と断言した上で、その悪循環を克服するために、次の八つの原理を提唱した。その報告のタイトルには「ノーマライゼーションの原理とその人間的対応との密接な関係（The Normalization Principle and Its Human Management Implications）」と書かれていた。

1：ノーマライゼーションとは、知的障害者もノーマルな一日のリズムをもつということだ。
2：ノーマライゼーションの原理とは、ノーマルな一週間の規則があるということでもある。
3：ノーマライゼーションとは、祭日や個人にとっての重要な記念日なども含めて、ノーマルな一年のリズムを体験するということである。
4：ノーマライゼーションは、人生のノーマルな発達の段階を経験する機会でなければならない。
5：ノーマライゼーションの原理は、知的障害者の自己選択、その希望や要求が尊重されるべきであり、可能な限り注視されなければならないということである。
6：ノーマライゼーションとは、男性も女性もいる世界で生活するということでもある。
7：知的障害者が可能なかぎりノーマルな生活水準を得るための一つの条件は、ノーマルな経済的水準に関する要求項目が満たされているということだ。
8：ノーマライゼーションの原理の重要な部分は、例えば、病院、学校、養護施設、グループホームや寄宿舎、下宿などの建物の基準は、一般の市民向けの同様な建物に対するものと同じでなければならないということだ。（前掲書：一三―一九頁）

タイトルにあるように、この原理は、知的障害者への「人間的対応との密接な関係」をもっており、この原理を追求すれば、知的障害者への支援は劇的に変わることを示唆するものでもあった。だが、それにはもう一つの示唆（implication）が隠されていた。

二つの人生の要石

知的障害者の支援の世界に関わる前、「第一の人生」において、ニィリエはルース・ベネディクトの「文化的パターン」に出会っていた。入所施設という「文化的パターンがその人の養育や成長に関わってくる」と気付いた彼は、その役に立たない施設の「文化的パターン」を「裏」とし、一般社会のノーマルなパターンという「表」と対比させることにより、「一人の知的障害者の人生におけるノーマライゼーションを可能」（前掲書：二〇頁）にする要素を析出した。それは、知的障害者個人を教育・矯正するという当時の常識の「裏」を突き、入所施設という知的障害者の置かれた環境こそ根本的に変えなければならない、と指摘するものであった。これは、無力な難民や脳性マヒの若者たちとの出会いがあったからこそ理解できた、三者の共通な「文化的パターン」分析であり、「人間的対応」をするための具体的な指針としての原理であった。

そして、実は三日間缶詰になりながら書き上げた報告の中には、「文化的パターン」以外にも、彼の「第一の人生」の痕跡がしっかりと埋め込まれている。それが、友人でスウェーデン人の詩人リンドグレーンの作品である。彼は「ノーマライゼーションの原理」だけでなく、「アメリカの施設についての印象を執筆してほしい」との依頼にも応えて、この原理の前に「スカンジナビア人の訪問者がアメリカの入所施設を観察する」というタイトルで、五ページほどの訪問記を載せている。そして、その冒頭と終盤で、リンドグレーンの「他に道のない人間（The man without a way）」という詩から引用をしている。ここにも、大きなヒントが隠されていた。

「運が悪く生まれて来たと信じているけれど、単にそう生まれて来ただけだ」

アメリカの入所施設がいかに知的障害者を非人間的に取り扱っているかを報告する文章の冒頭で、この部分を引用している。これは、運・不運で改善することがままならない、当時の入所施設の「宿命的」な現実を象徴するフレーズである。そして、最後から二番目の段落の最後に、もう一つのフレーズを引用している。

「誰が、そして何が、『このねずみ取りの奈落の底と死を待つだけの長い時間』を考えついたんだ？」

彼はアメリカの施設を訪問した記録をできるだけ正直に、ルポ風に書いてきた。その上で、この最後から二番目の段落では、知的障害者が健常者に比べて攻撃的ではなかったがゆえに、入所施設の壁を打ち破らずに施設に居続けたことや、知的障害のない人ならばとっくの昔にそこから逃れていたであろうことを述べて、この詩を引用している。これは単なる文学的装飾ではない。ニィリエの実存にとって、彼の「二つの人生」をつなぐ「要石」として、欠かすことのできない引用であった。そのことは、ニィリエ自身も次のように語っている。

一九六八年五月末のＦＵＢの連合大会が終了した時、私の親しい友人のエリック・リンドグレーンが、ケネディ大統領が暗殺された日と同じ日に亡くなったが、そのほんの数日後、私は数週間の〝休暇〟を過ごすためにアメリカに向けて旅立った（前掲書：八三頁）

この二人は、ニィリエにとっては非常に大切な存在であった⒀。ケネディの妹のローズマリーは知的障害が疑われ、ロボトミー手術の後遺症で日常生活も困難になり、障害者施設に入れられていた⒁。そのこともあり、ケネディは大統領になった後の一九六一年、「知的障害者に関する大統領委員会（The President's Panel on Mental Retardation)」を設立した。ニィリエに寄稿を依頼した委員会の原型をつくったのが、ケネディだったのである。また、「第一の人生」時代のニィリエはリンドグレーンの詩を愛好し、本人とも親交が深かった。そんなリンドグレーンが亡くなった直後に、ケネディが創設した大統領委員会に招聘されてアメリカに出かけることになったニィリエが、二人の存在を自分の人生に強く結びつけるのは、むしろ当然のことであろう。

だからこそ、ニィリエは三日間の缶詰で書き上げた入所施設批判の中で、リンドグレーンの詩を取り上げた。しかも、この「他に道のない人間（The man without a way)」が書かれたのは一九四二年。その時代のファシズムやスペインの内戦、そして第二次世界大戦へと至る、戦争の影の濃い時代である。その時代の空気を敏感に言語化した友人の詩⒂を、なぜにニィリエは大統領委員会への報告書の中で引用したのか。そこには、戦争が終わっても、知的障害者は「他に道のない人間」であり続けているということへの、鋭い異議申し立てがあったのだと、推測してみたくなる。

「誰が、そして何が、『このねずみ取りの奈落の底と死を待つだけの長い時間』を考えついたんだ?」とアメリカの現実を厳しく批判した直後の、最後のパラグラフで、「私が選び取った見方は、『ノーマライゼーションの原理』と呼ばれることになる」と宣言している。これは、彼が友人リンドグレーンに背中を押され、独自の見解を大統領委員会宛にはっきりと宣言する決意表明であり、この時点で、彼の「第一の人生」は、「第二の人生」で彼を世界的な舞台に引き上げる要石として機能したのである。

破壊的なインパクト

ニィリエが書き上げた「原理」は、元々「アメリカの施設についての印象を執筆してほしいと依頼」した大統領委員会を大きく揺り動かした。その証拠に、元々「施設ケア刷新行動に向けて(Toward Innovative Action on Residential Care)」というテーマで出版される予定の本が、一九六九年に製本されたときには、『知的障害者のための居住サービスのパターンを変える(*Changing Patterns in Residential Services for the Mentally Retarded*)』と表題が変わっていた[16]。それに関連して、報告書の最終章「今日のアメリカの実践への示唆」の章でグンナー・ダイバートは次のように述べている。

疑いようもなく、これからの居住サービスだけでなく他のサービスに関しても、ニィリエの章で示されたノーマライゼーションの概念は、この本の中で最も重要なものとして立ち現れた。特定の表現が採用される以前からスカンジナビアの人間的な福祉サービスの広範なネットワークの伝統の影響を受けながら育まれたこの概念は、飾り気がなく単純であるという点で、洗練されている。誰にでもすぐ理解される内容であり、実践において最も広範囲における示唆を与えるものとなるだろ

う。(Dybwad, 1969: 385)

一日の、一週間の、一年の、ライフサイクルにおける「ノーマルなリズム」を保障すべきだ、という「飾り気がなく単純」で「洗練されている」議論。これは知的障害のない人でも自分自身の暮らしと比較できる内容であり、知的障害者が希望や願いをもてるかどうか、男女共にいる暮らしや経済水準、住まいの水準を、一般社会のノーマルと同等なものとしてもてるかどうか、を「誰にでもすぐ理解される内容」として指し示したものであった。であるがゆえに、「実践において最も広範囲における示唆を与えるもの」だった。

そして、ニィリエが果たした入所移設という「パターン」分析と通底することを、同時代のイタリアの精神病院で行い、アメリカの現実との比較の中で言語化していったのが、フランコ・バザーリアだった。

医療の領域に社会的な観点が差し込み始めるときでさえ、主に言及されるのは、精神病理的なパーソナリティをもつ人が社会に及ぼす「様々な影響」についてであることは、明白である。その一方で、傷つきやすい人格に対して社会的な要因が及ぼす影響について触れられることは殆ど無い。これは、精神病院の根底に未だにある保護的なイデオロギーと一致する。精神病院はアブノーマルな人から社会を保護し護るために存在するのであり、患者や彼の病気を治療するために存在するのではない、というイデオロギーである。(Scheper-Hughes and Lovell eds., 1978: 112)

「傷つきやすい人格の社会的な要因」の結果とは、ニィリエの三つの要素のうちの、「押しつけられた、あるいは後天的な発達の遅れ」である。だが、これらの「押しつけられ」た「後天的」な「社会的要因」は、「保護的なイデオロギー」によって正当化される。それは、「精神病院はアブノーマルな人から社会を保護し護るために存在するのであり、患者や彼の病気を治療するために存在するのではない」というイデオロギーである。「精神病院」を「入所施設」に替えたら、ニィリエの主張とも相似形となる。そして、ニィリエやバザーリアの言動が「実践において最も広範囲における示唆を与えるものとなる」理由とは、知的障害者や精神障害者を「アブノーマルな人」と決めつけ、病院や入所施設での劣悪な処遇を正当化し続けてきた、当時の「専門家」の言説に、断固として反対したからである。病院や入所施設という「押しつけられた」「後天的な」環境が、障害をもって生きるという認識を無力で絶望的なものに変え、その結果として、個人の精神症状を悪化させ、発達の遅れを加速化させる。これは、障害者本人がアブノーマルなのではなく、環境的要因やそれを正当化する「保護的なイデオロギー」こそがアブノーマルである、という告発でもあった。

ニィリエの「ノーマライゼーションの原理」が「大統領委員会」から発表されたのは、社会が激動していた一九六九年。バザーリアは、精神障害者を排除する「社会のアブノーマルさ」を告発し続けていたが、一九六八年にゴリツィアの精神病院から追い出された。同じようにニィリエも、単なる施設の改良主義者ではなく、施設構造のアブノーマルさを告発したがゆえに、世界的な支持を集める一方で、お膝元であるスウェーデンの、自分を雇ってくれた知的障害者の親の会FUBとの関係が悪化し、やがてFUBを実質的に追い出されることになる。それは、彼がノーマライゼーションの原理を提示するなかで開けてしまった「パンドラの箱」ゆえの、ある種必然的な結果だったのかもしれない。

特に問題視されたのが、五番目の原理である「知的障害者の自己選択、その希望や要求が尊重されるべきであり、可能な限り注視されなければならないということである」という部分だった。「アブノーマルな人に特別な配慮を」という発想ではなく、「同じ人間に同等の権利を」という考え方に基づけば、「誰の何がアブノーマルなのか」、ということを根本的に問い直すことにつながる。そしてそれが実に「危険」な問い直しであることを、当時のニィリエ自身も気付いていなかった。

第六章　「ニィリエは自分で考えることを教えている！」

声を上げる――自己決定への歴史的な第一歩

一九七〇年五月八日から十日まで、スウェーデンとデンマークの国境の町、マルメ市で、当時としては画期的な集まりが開かれた。スウェーデンの各地域から合計五〇名ほどの知的障害をもつ成人が集まり、余暇活動や住居、職業教育や労働について話し合う会議が開かれた。一九六八年に最初に開かれたときは二〇名の参加者で余暇活動だけを取り扱ったが、この時は倍以上の人が集まり、話す内容も多岐にわたった。障害のないオブザーバーは、議論に影響を与えることが許されず、あくまでも知的障害をもつ本人たちが意見を出していった。その内容の一部をご紹介したい（ニィリエ、二〇〇八：一六二―一六七頁）。

- 私たちは、どんな理由があっても、大勢で町に出かけたくない。
- 私たち全員が、休暇に何をするかは自分で決めるべきだと考えている。

●私たちは、希望すれば異性と同棲する権利を要望している。また、良い時期だと思ったら結婚する権利が欲しい。

●親元での生活にはだいたい満足しているが、一生ずっと親に依存しているわけにはいかないので、時が来たらサービス付きアパート、寄宿ホームやその他の形式の住宅に移転するべきだと思う。

●私たちは、特殊学校という名称は卑下していると思っている。

●私たちは、現在のように職場で最低の一番つまらない仕事をすることで利用されるのは嫌だ。

●私たちは医師、教師、相談員、チームリーダーなどが私たちのことについて話し合う際に同席すべきだと思う。現状では私たちの悪口を言っているように感じている。

●私たちは、私たちがまとめた事柄に連合理事会が対応し、全国連合の支持により現状の惨めな状況が改善されることを期待しています。

ここで出てくる全国連合とは、「ノーマライゼーション育ての父」ベンクト・ニィリエが当時オンブズマンを務めていた、FUB（スウェーデン知的障害児童・青少年・成年同盟）のことである。ただ、この全国連合は、知的障害者の親がつくった会であり、構成員も知的障害者家族が主たる会員を占めている「親の会」であった。この全国連合の大会がマルメで開催されている間に、知的障害をもつ当事者たちも集まって会議を開き、この内容を「親の会」で発表することになった。

この当事者たちの意見を見ていると、当時のスウェーデン社会で、知的障害をもつ人が何に不満をもっていたかが一目でわかる。上記の言葉が願望として語られる、ということは、全て反対の現実だった、ということを意味する。

●職員が足りないから、などの理由で、町に出るときは集団での移動が基本となっていた。
●休暇に何をするか、は、職員が決めていて、自分で決められなかった。
●異性とつき合うことは許されておらず、性的関係をもつことや結婚することは夢のまた夢、あるいは逸脱行為と思われていた。
●親元で一生暮らすか、親が亡くなったら入所施設か、の二者択一だった。
●普通学校で他の同世代と同じ教育を受けることができなかった。
●意味や価値がある仕事が提供されていなかった。
●知的障害のある当事者が、自分の将来のことや支援に関する会議に参加できなかった。

ここで大切なのは、そのような現実に対して、「現状の惨めな状況が改善されることを期待」して、知的障害のある当事者たちが、声を上げた、ということである。これは、自分の将来や人生について、自分で決める、という意味での「自己決定への歴史的な第一歩」（前掲書：一六二頁）であった。だが、これは同時に、「パンドラの箱」を開ける事態でもあった。一九六九年に「ノーマライゼーションの原理」を英語で発表し、世界中に影響を及ぼしたベンクト・ニィリエが、自身の古巣であり、原理を創り出す舞台ともなったスウェーデンやＦＵＢを去らざるを得なくなったのも、この「自己決定への歴史的な第一歩」が直接の原因となったのである。

誰の決定が尊重されるべきか

この危機について、ニィリエが振り返っている記述を、少し長くなるが引用したい。

（一九七〇年のマルメでのＦＵＢ大会の：引用者注）数週間後、ＦＵＢ理事会は、当初の目的としては若者たちの会議について話し合うために会議を開いた。会議はすぐ大荒れ気味になり、前もって十分準備していた批判者たちが、プログラムやその実施方法に対する嫌悪感や不信感について発言しはじめた。これらの批判者は結果を信じることができず、知的障害者が自分でこういった結論を出したとは思わず、誰かに指導されコントロールされた結論であると主張した。かれらの最終的な主張は、こういったプログラムは親たちによりコントロールされるべきであるというものだった。当然のことだが、この理事会の会員の子どもたちは、一人として若者たちの会議に出席してはいなかったのだ。（略）その後、私は知的障害者にとって危険人物であると批判されることになった。「ニィリエは障害者に自分で考えることを教えている！」（略）。数日後に、私は、「ノーマライゼーションの原理はニィリエの個人的な見解であって、ＦＵＢの基本方針ではない！」そしてすべての若者たちの活動は親たちがコントロールするという方針を通達されることになった。聞いたばかりの知らせに驚愕した私は長い散歩にでかけ、歩きながら考えをまとめて一つの結論に達した。ＦＵＢには、もう私への信頼というものが何もないということを悟ったのだ。（前掲書：九六頁）

知的障害者が声を上げる、ということは、これまでのやり方に異論を唱える、ということである。集団処遇をされたくない、自分のことは自分で決めたい、恋愛や結婚もしたい、価値ある労働や勉強をしたい、自分のことを話し合う会議には自分も参加したい。どれも半世紀後の今の視点ではごく「当たり前」なことなのに、他のヨーロッパ諸国や北米に比べて施設処遇のレベルが遥かに高かった当時のスウェーデンですら、この自己決定や自己選択に関する「当たり前＝ノーマル」は実現されていなかった。その「当たり前」を求める主張を、半世紀前、知的障害の当事者たちが行ったのである。

しかし、それを受け入れられなかったのは、知的障害者の親たちであった。「批判者は結果を信じることができず、知的障害者が自分でこういった結論を出したとは思わず、誰かに指導されコントロールされた結論であると主張した」。この発言からは、残念ながら当時の知的障害者の親の中には、知的障害者が「自分で考える」ことができない、と思い込んでいる人が少なからずいた。「誰かに指導されコントロールされる」存在である、と認識していた。そして、そのような思い込みをもっている人にとって、主導権を親から奪われることは、恐怖の事態であった。「プログラムは親たちによりコントロールされるべきである」というのは、知的障害者の考えは、親の支配下にあるべきである、という無意識の表明だったのである。

一方、一九六一年からの一〇年間で数多くの施設を訪問し、たくさんの知的障害をもつ当事者と話し合ってきたニィリエは、彼ら／彼女らが自分たち独自の想いや願いをもっている、ということに気付いていた。彼は成人教育も重視し、知的障害者向けに内容をやさしく読みやすくかみ砕いた「ＬＬ書籍」の普及や、一九六六年からは知的障害をもつ成人の「学習サークル」にも力を入れていた。その意味を、ニィリエは次のように語っている。

この時期には、知的障害のある若者たちの権利、さらに、一般の成人と比較できる程度の〝より高度な教育〟を受ける権利も含め、若者の意見を聞いてもらえるようにし、成人市民としての彼らの地位にふさわしい社会的な状況を得る権利について、急いで解決しなければならないという気運がより高まってきた。（前掲書：七一頁）

これも「芽生えてくるもの、未来を約束するものに対する繊細な嗅覚」をもつニィリエゆえの洞察である。そして、このニィリエの嗅覚が一つの形として「成功」した一九七〇年のマルメ大会は、同時にニィリエが追放される「危機」にもなった。「ニィリエは障害者に自分で考えることを教えている！」という、半世紀近くたった今では好意的に受け止められることが、なぜ批判されなければならなかったのか。ニィリエの若い友人である、ウプサラ大学名誉教授のモーテン・スーデル氏は、僕のインタビューに次のように語っている。

「障害のある子どもがいると、自分の手元で育てるのが当時は大変であった。FUBの親たちは、子どもの将来の最善を考えて、国の政策と闘ってきた。だが、ニィリエが自己決定を提唱したことに対して、『親自身が今まで頑張ってきたことを認められない』『自分たちのことが否定された』と感じた親がいたのではないだろうか。」

いつの世も、どこの国でも、親は子どもの「最善」を考える。だが、本来、別々の存在である親の考える子の「最善」と、子ども自身の考えるそれとはズレている。そしてそのズレが最大化するのが、子の思春期や青年期にかけてである。そこから親離れ・子離れにつながる。しかし、知的障害をもつ人が保護の対象であった半世紀前には、「自分たちは○○したい」という自己主張は、親にとっては容認できない親離れ宣言であり、親の努力を否定するようにも映った。端から見ればそれは子離れの苦労の一言に尽きるのだが、政府と闘って処遇改善などに取り組んできたFUBの親たちにとっては、ニィリエの実践は、「親の会」の存在根拠そのものを根底から揺さぶるほどの、越えてはいけない一線を越えてしまったのだ。「親たちによりコントロールされるべきである」という一線を。

そのため、ニィリエは、自分が組織を大きくしたFUBから追い出されることになった。それだけではない。彼が生み出した「ノーマライゼーションの原理」自体もまた、活動を共にした「北米の友人」によって歪められていく。

北米での「改竄」

Normalizationをウィキペディアの英語版で調べてみると、ニィリエよりも長くその名と功績が紹介されている、ドイツ生まれのアメリカ人がいる。それが、ヴォルフェンスベルガー（Wolf Wolfensberger）である。ニィリエより一〇歳若い一九三四年生まれで、知的障害の心理学で博士号を取得した後、六〇年代には入所施設の起源や構造などを調べていた。また、ニィリエが『ノーマライゼーションの原理』を書いた大統領委員会ではアシスタントとして加わり、自身もその報告書に二つの論文を寄せている。

その彼を、ニィリエを超える世界的有名人にならしめたのは、一九六九年にニィリエが「原理」を書いた三年後の一九七二年に書いた、『対人サービスにおけるノーマライゼーションの原理（*The Principle of Normalization in Human Services*）』であった。日本でも一九八二年に『ノーマリゼーション』（学苑社）として翻訳され、一九九八年にニィリエの『ノーマライゼーションの原理』が発売されるまでは、このヴォルフェンスベルガーの本が、ノーマライゼーション理解の「教科書」となっていた。そして、不幸なことに、この「教科書」は、ニィリエの考え方を大胆に書き換えた「教科書」だったのである。

前置きはこのくらいにして、具体的にどう書き換えたのか。「ノーマリゼーション原理の再構成」と表題をつけられた部分を見てみよう。

北アメリカの読者のために、また、対人処遇一般に最も広く適用できるようにするために、私は、ノーマリゼーションの原理の定義を次の様に再構成することを提案する。

「可能な限り文化的に通常である身体的な行動や特徴を維持したり、確立するために、可能なかぎり文化的に通常となっている手段を利用すること」

この再構成の提案から、すぐわかることは、ノーマリゼーションの原理は文化―特定的であるということである。なぜなら、文化はそれぞれ、その規範において異なっているからである。例えば、この原理は、さまざまな対人処遇サービスがスカンジナビアのそれに似なければならない、ということを必ずしも意味しないのである。対人処遇の手段は、できるだけその独自の文化を代表するようなものであるべきであり、逸脱している人（その可能性のある人）は、年齢や性というような同一の特徴をもつ人たちの文化に合致した（つまり、通常となっている）行動や外観を示しうるようにされるべきだ、ということである。（ヴォルフェンスベルガー、一九八二：四八-四九頁）

ニィリエの概念では「北アメリカの読者」や知的障害以外の「対人処遇一般」には適用できない、と断定した上で、ヴォルフェンスベルガーはノーマリゼーションの原理を「再定義」というか、全く書き換えてしまう。しかも、ニィリエの原理には一言も出てこない「逸脱している人」「規範」「可能な限り文化的に通常である身体的な行動や特徴」という表現が出てくる。これは、「再定義」どこ

郵 便 は が き

お手数ですが
切手をお貼り
ください。

102−0072
東京都千代田区飯田橋3−2−5
㈱ 現 代 書 館
「読者通信」係 行

ご購入ありがとうございました。この「読者通信」は
今後の刊行計画の参考とさせていただきたく存じます。

ご購入書店・Web サイト	書店	都道府県	市区町村
お名前《ふりがな》			
〒 ご住所			
TEL			
Eメールアドレス			
ご購読の新聞・雑誌等			特になし
よくご覧になる Web サイト			特になし

上記をすべてご記入いただいた読者の方に、毎月抽選で
5名の方に図書券500円分をプレゼントいたします。

お買い上げいただいた書籍のタイトル

本書のご感想及び、今後お読みになりたいテーマがありましたらお書きください。

本書をお買い上げになった動機（複数回答可）

1. 新聞・雑誌広告（　　　　　　　　　）　2. 書評（　　　　　　　　）

3. 人に勧められて　4. ＳＮＳ　5. 小社ＨＰ　6. 小社ＤＭ

7. 実物を書店で見て　8. テーマに興味　9. 著者に興味

10. タイトルに興味　11. 資料として

12. その他（　　　　　　　　　　　　　　　　　　　　　　　　）

ご記入いただいたご感想は「読者のご意見」として、新聞等の広告媒体や小社Twitter 等に匿名でご紹介させていただく場合がございます。
※不可の場合のみ「いいえ」に○を付けてください。　　　　　　いいえ

小社書籍のご注文について（本を新たにご注文される場合のみ）

●下記の電話や FAX、小社 HP でご注文を承ります。なお、お近くの書店でも取り寄せることが可能です。

TEL：03-3221-1321　FAX：03-3262-5906
http://www.gendaishokan.co.jp/

ご協力ありがとうございました。
なお、ご記入いただいたデータは小社からのご案内やプレゼントをお送りする以外には絶対に使用いたしません。

ろか、全くの書き換えであり、ニィリエの原理の「改竄」である。なぜこのような「改竄」が成されたのか。それを知る上で、ヴォルフェンスベルガーが一九六九年に北欧を訪問した際のエピソードを、ニィリエの本から拾ってみたい。エピソードは知的障害のある青少年たちのクラブの集まりに連れていったときのことである。

ヴォルフは部屋の隅に立って、皆のダンスを見ていた。ちょうど、誰かのお誕生日祝いの会が開かれていたからだ。しばらくして、彼は考え考え私に尋ねた。「あの女の子だけど、ダンスをしませんかって誘ってきたから、一緒に踊ったんだ。あの子は……なの？」

この女の子は少し英語ができたので、ヴォルフには、この子が少し英語のできる普通のスウェーデン人の女の子なのか、それとも知的障害がある女の子で、英語を習った子なのかわからなかったのだ。そこで私は彼に、あの女の子は確かに知的障害のある子だと保証した。ヴォルフには、この女の子が知的障害者でなく普通の女の子として〝合格者〟と見えたのだった。この女の子は社会的に価値ある役割を得ていたということだったのだ。（ニィリエ、二〇〇八：九二頁）

「あの子は……なの？」という直裁的な問い。これは、ヴォルフェンスベルガーが抱いている「知的障害者像」と、目の前の女の子の姿が、あまりにも違っているからだった。「ヴォルフには、この女の子が知的障害者でなく普通の女の子として〝合格者〟と見えた」と振り返るニィリエの指摘は鋭い。

つまり、ヴォルフェンスベルガーの言う「可能な限り文化的に通常である身体的な行動や特徴を維持したり、確立する」こととは、「普通の女の子として〝合格者〟と見え」ることなのである。そして、これはニィリエの「原理」とは全く異なっている。

また、「改竄」を理解する上でのもう一つのエピソードをご紹介したい。それは、ニィリエがヴォルフェンスベルガーを施設見学に連れ出した後の議論で、彼から語られた一言である。

彼が改造された施設で目にした、新しい使いやすそうなモダンな家具について、「お金の無駄遣いだ！」と憤慨したことだ。そこで、私は彼に、品質が良いものは長い目で見ると得になるということを説明しなければならなかった。（前掲書：九三頁）

「普通の女の子として〝合格者〟」「お金の無駄遣い」「逸脱している人」。この三つの発言をつなげると、ヴォルフェンスベルガーが何を意図して、ニィリエの原理をどう「改竄」したのか、それがいかに深刻なダメージをこの原理に与えたのか、を見て取ることができる。

個人と社会のどちらの問題？

結論から言おう。ヴォルフェンスベルガーは、ニィリエを追い出したFUBの親たちと同じ論理構造をもっていた。それは、「ニィリエは障害者に自分で考えることを教えている！」という親の絶叫と共通する構造である。つまり、指導や査定、評価をするのは、あくまでも親や支援者であり、知的障害をもつ当事者が自分で考え、自分で決めることを想定していなかった、ということである。それは、ヴォルフェンスベルガーの「出世作」にも、しっかり書かれている。

ノーマリゼーションの原理からすれば、個人は、単に歩行を教えられるだけでなく、ノーマルな姿勢で歩くように教えられるべきである。また、個人はノーマルな動作ができ、ノーマルな様式で表現行動がなされなければならない。さらに、同年齢の人たちと同じ服装をすべきであり、肥満にならないように食事が加減されるべきである。（ヴォルフェンスベルガー、一九八二：五四頁）

社会で自活している精神遅滞の成人は、好き勝手な生活をしすぎて、逸脱とみられるほどに肥満してしまい、どうしようもなくなりがちである。（前掲書：五五頁）

この表現からは「パターナリズム」という言葉を想起する。温情主義や父権主義とも訳されているが、「あなたのために」と一方的に親や専門家が良いと思う価値観を押し付ける構図である。「逸脱とみられるほどに肥満」や「同年齢の人たちと同じ服装」、「普通の女の子として〝合格者〟と見え」る、という表現には、「逸脱しないように、あなた自身の言動を直しなさい」という更生の臭いがプンプンする。それは、ヴォルフェンスベルガー自身も隠していない。

逸脱は、定義によれば、見る人の目の中にあるのだから、個人の可能な行動のレパートリーの中にある限界だけでなく、他人が見て逸脱しているとみなす特徴や行動に一層注意を向けることで、はじめて現実に迫りうる。例えば、補聴器を身につけることは、聴取が困難だからというだけでなく、仕事をみつけて、仕事をつづけるのに大きな障害となるかもしれないのである。（前掲書：四九頁）

逸脱の更生、予防ということは、本書およびノーマリゼーションがいわんとすることのすべてである。（前掲書：四六頁）

「補聴器をつけると、見た目が悪い」。これと同根の発想から、以前の聾学校では、手話ではなく、唇の動きを読み取らせる読唇術を教育していた。これは聴覚障害者にとって、大きなストレスになるだけでなく、聴覚障害者の理解や表現力を著しく毀損するものとして、後に批判されている。だが、ヴォルフェンスベルガーにとっては、補聴器を付けることすら、「見た目」が異なる、という意味で、「逸脱」と捉えられていたのである。そして、その「逸脱の更生、予防」が「ノーマリゼーションがいわんとすることのすべて」と定義してしまう。ニィリエは、障害のある人でもノーマルな一日、一週間、人生が過ごせるように、環境を変えていこう、という社会の問題として捉えたが、ヴォルフェンスベルガーは「逸脱した個人」を「更生」させようとした。これは、同じ言葉を使っても、一八〇度異なる視点である。ニィリエ自身も、後に次のようにハッキリ反論している。

ノーマライゼーションとは、正常という意味ではないのだ。これは、人間を〝ノーマルにする〟べきであるという意味ではないのだ。これは、誰かに誰かの特別な基準（例えば隣人の五一％の人たちがすることであるとか、〝専門家〟が最善であると考えること）に従うような行動を強制されるという意味ではないのだ。これは、知的障害のある人が〝ノーマル〟であるべきとか、その他の人たちと同じように振る舞うよう期待されるという意味ではないのだ。ノーマライゼーションとは、知的障害者が、可能な限り社会の人々と同等の個人的な多様性と選択性のある生活条件を得るために、必要な支援や可能性を与えられるべきであるという意味だ。ノーマライゼーションとは、〝ノーマル〟な社会で、障害も一緒に受け入れられ、他の人たちと同じ権利と義務、可能性を持っているという意味だ。（ニィリエ、二〇〇八：一七八―一七九頁）

「誰かに誰かの特別な基準に従うような行動を強制されるという意味ではない」。「若者たちの活動は親たちがコントロールする」べきではないし、専門家や隣人の五一％の考える「ノーマルな動作ができ、ノーマルな様式で表現行動がなされなければならない」ということを意味していない、のである。ニィリエは「社会の人々と同等」の「生活条件」の提供を目指したのに、ヴォルフェンスベルガーは「文化的に通常である」ことを目指した。ニィリエは目的を実現するためには特別な支援も必要と考えたが、ヴォルフェンスベルガーは「補聴器」などの特別な支援は「逸脱」になるから、「文化的に通常の手段」を使うべきだ、と主張した。つまり、同じ言葉を使いながら、全く違う価値観に基づき、異なる結論を導き出しているのである。

そして、残念ながら英語で書籍化されたヴォルフェンスベルガーの著作は世界的にも評価され、八〇年代以後は、このヴォルフェンスベルガーの「改竄」によって、大々的にノーマライゼーションの原理が批判されていくことになる。その、最も重大な批判が、障害当事者からの批判であった。

「社会モデル」からの批判

「ノーマライゼーションの原理」が生み出されて四半世紀たった一九九四年、カナダのオタワでニィリエもヴォルフェンスベルガーも参加した記念シンポジウムが開催され、その内容は五〇〇頁を超える書籍としてまとめられている。この中で、イギリス障害学のリーダーであるマイケル・オリバーが主にヴォルフェンスベルガーの理論について、文字通り「ぶった切り」をしている。彼はマルクスの唯物論に依拠し、障害者は資本主義社会で抑圧されている、という視点から、障害を個人の不幸や個人的問題にする「医学モデル」ではなく、障害とは社会的抑圧の問題である、という障害の「社会モデル」を提唱している（オリバー：二〇〇六）。

そのオリバーは、「資本主義、障害者、そしてイデオロギー」という講演で、次のように指摘していた。

ノーマライゼーションというのは、〝通常化（normalized）〟した場合、あるいは後々の表現によれば、通常の（価値のある）社会的役割を果たした場合には、地域に帰って良い、というイデオロギーである。結局のところ、私たちは「違っている人」や「逸脱者」、あるいは「私たちのコミュニティに戻ってきたら危険な人」を求めていない、ということだ。（Oliver, 1999:166）

唯物論なら、個人を変えようという同じような問題を繰り返さない、人々の身体や行動、あるいは社会的役割を変えようとせず、人々の認識こそを変えたいと考えている。（前掲書：一七〇頁）

支援者として雇用された中流階級の人々は資本主義に脅威を与えるグループではなく、それゆえに支配の対象とはならない。むしろ彼らは他者を支配する代理人となりうるのだ。まさしくこの理由から、世界中の障害者が望むのは既存のサービスの改良ではもはやなく、そのサービスをコントロールすることである。（前掲書：一七二頁）

実はヴォルフェンスベルガーは、七二年にニィリエの原理を「改竄」しただけでなく、その後、自身の理論が批判され続けたことを理由に、「ノーマライゼーション」という言葉を使わず、より厳密に定義したいから、と「社会的役割の実践・評価（Social Role Valorization: SRV）」と名称まで変えてしまう。しかしオリバーは、ヴォルフェンスベルガーが「通常化」と言おうが、より厳密に「通常の（価値のある）社会的役割」と言おうが、「合格点」をとらない限り「地域に帰って良い」と言われないことがオカシイ、と告発したのだ。そして、「通常の人」と異なるままで地域社会に存在することを肯定しないヴォルフェンスベルガーの考え方は、「他者を支配する代理人」の考え方であり、この考え方や認識こそを変えたい、と主張している。確かに至極真っ当な主張であり、このような批判に八〇年代以後数限りなくさらされ、一九七〇年代まで全世界で広がった「ノーマライゼーションの原理」は八〇年代後半以後、急速に使われなくなっていく。これはひとえに、ニィリエではなく、ヴォルフェンスベルガーの責任である。

ただ、そうは言っても、ここでもう一つ論じておきたいことがある。それは「ノーマル」という言葉がもたらした誤解について、である。ニィリエはノーマルを「可能な限り社会の人々と同等の個人的な多様性と選択性のある生活条件を得るために、必要な支援や可能性を与えられるべきであるという意味」として用いたことは、先に触れた。だが、ノーマルの語源であるnormには「規範」という意味がある。そして、ヴォルフェンスベルガーは、そもそも「ノーマライゼーション」という言葉を受容する際、「社会の人々と同等」という点を理解できず、評価や判断の基準という「規範」という意味から、価値規範としての「イデオロギー」をもち出した。ここがボタンの掛け違いの元凶になった。

私たちは三つのゴールに向かって努力すべきである。その一つは、悪しきイデオロギーより良きイデオロギーをめざすことであり、二つは、経験的な事実を超えていながら、それと矛盾しないイデオロギーをめざすことであり、三つは、意識しないイデオロギーよりも意識的なイデオロギーをめざすことである。（ヴォルフェンスベルガー、一九八二：二二頁）

オリバーから批判されるように、「通常の（価値のある）社会的役割を果た」すことが「良いイデオロギー」と見なされると、それ以外の「逸脱者」は「悪しきイデオロギー」に支配されていると言える。しかも、そう査定するのは、本人ではなく、家族や支援者などの第三者であり、その第三者が「他者を支配する」理論として、この「意識的なイデオロギー」を使っているのであれば、「ノーマライゼーションの原理」は、支配の道具に堕してしまう。「社会の人々と同等」というニィリエの意図とは裏腹に、「ノーマライゼーション」という言葉ゆえ、健常な（＝ノーマルの）「規範」に従わせるイデオロギーという誤解のほうが、世界的に広まってしまったのだ。

価値の裂け目

ニィリエをＦＵＢから追い出した知的障害者の親たちが、「ニィリエは障害者に自分で考えることを教えている！」と糾弾した理由は、知的障害者が自分で考え、親とは違う意見をもつことは受け入れられないことであり、親のコントロールの下にいるべきだ、と考えていたからである。また、ヴォルフェンスベルガーにとって、「逸脱している人」は受け入れられない存在であり、「通常の範囲内」に入るようにその行為や言動をこそ変えるべきである、と考えていた。

つまり、知的障害者の親とヴォルフェンスベルガーに共通するのは、両者とも「知的障害者は放っておけば逸脱している存在であり、指導や訓練、支配の対象である」という考え方（＝イデオロギー）を「真実」と疑わなかった、という部分である。これは、当時の社会のマジョリティの考え方そのものでもあった。そして、その自分自身の前提の歪みについて批判的に検討することなく、知的障害者の態度や言動をコントロールしたり変えたりすることが、家族や支援者にとって「良いイデオロギーだ」と認識していた、と整理することができる。

こう整理していて、僕はフレイレの次のフレーズが頭に浮かんだ。

> 無知を疎外する教師は揺らぐことなき地位を維持しつづける。教師はいつも知っていて、生徒は常に何も知らない。知る者と知らない者の地位の固定は、教育とは探求するプロセスそのものである、という姿勢を否定する。（フレイレ、二〇一一：八一頁）

「教師」を「親」や「支援者」、「生徒」を「知的障害者」と変えると、同じ構造と言えないだろうか。残念ながら、ニィリエを追い出した親たちやヴォルフェンスベルガーは、「知る者と知らない者の地位の固定」を望んでいた。そして、ニィリエの自己決定支援が「危険」だったのは、この「地位の固定」を揺るがし、ひいては親や支援者の「揺らぐことなき地位」をも脅かす可能性があったからだ。だからこそ、自分で考えることなどできるはずがないとみなされ、「逸脱した人」というラベルを貼って、それを適切に導くことが重要だと改竄されたのである。つまり、知的障害者のため、というより、家族や支援者の立場を守るためには、ニィリエの原理をそのまま受け入れることができなかったのである。これは、バザーリアの次の告発にも結びつく。

私たちが権力を得るために闘うとき、教授や主任外科医になるとき、あるいは支払いの良い個人の常連を獲得するときはいつでも、私たちに己の仕事を果たしてもらいたがっている支配層によって、規範から逸脱していないかどうかを詳細に調べられる。規範は私たちに対して、規範を守り保護するために私たちの支援やスキルを保障することを求めている。私たちが社会的な義務を引き受けることによって、私たちは「治療行為」が権力から排除された人への暴力行為であることを保障しているのである。(Scheper-Hughes and Lovell eds. 1987:62)

支援者が「権力を得るために闘うとき」、それは支援者自身がその「権力」を付与する支配層の「規範から逸脱していないかどうかを詳細に調べられる」ことを意味している。「規範を守り保護する」ことが目的とされ、オリバーがいみじくも指摘するように、親や支援者は「他者を支配する代理人」

に堕してしまう。そのような権力構造や支配—被支配の構造が内在している。そして、それこそフレイレも問い続けた点であった。また、この「規範から逸脱していないか」についても、バザーリアは次のように述べている。

規範の定義は、明らかに生産と同時に起こっている。そのことは、社会の端にいる人間は誰でも逸脱者として現れることを意味している。逸脱行為は、価値の裂け目であり、それゆえこれと同じような価値は、この価値観を破る人は誰でもアブノーマルであると科学的に分類することによって、擁護され強化されなければならない。（前掲書：一〇五頁）

バザーリアは、資本主義社会を抑圧的な社会だと捉えている点で、オリバーにも似ている。ただ、彼が指摘するように、「逸脱者」や「逸脱行為」は、「価値の裂け目」である。これを「アブノーマル」と「科学的に分類する」ことが、「ノーマライゼーションの原理」だと、ヴォルフェンスベルガーは誤解・改竄した。一方、ニィリエは逆に、「社会の端にいる人間」を「逸脱者」ではなく、「社会の人々と同等」に捉えようとしたのである。ここが大きな違いである。これは、良い・悪いというヴォルフェンスベルガーのイデオロギーとは、別次元である。

ヴォルフェンスベルガーや親たちは、そもそも社会の通常の価値を、そのものとして現状肯定していた。だが、ニィリエやバザーリア、フレイレは、「逸脱行為」に内在する「価値の裂け目」に際して、

「アブノーマルであると科学的に分類」して、通常の価値を擁護するのではなく、むしろ「逸脱行為」とラベルを貼られる側に立つことによって、「価値の裂け目」において、社会の価値自体を問い直そうとしたのである。そして、それこそが、この三人がひっくり返そうとした「当たり前」であり、だからこそ、この三人は、「探求するプロセスそのもの」に漕ぎ出したのだ、と言える。

では、三人は一体、何を「探求」しようとしていたのだろうか？

間奏曲② 何に負けたのか

ニィリエが愛好したヘミングウェイの『老人と海』の結末近くで、老人はこう語っている。

> まあ、負けてしまえば気楽なものだ。こんなに気楽だと思わなかった。さて、何に負けたのか。（ヘミングウェイ、二〇一四：一二一頁）

老人は巨大なカジキを釣り上げ、一度は勝った。だが、そのカジキを船に縛り付けて港に戻る

最中、どう猛なサメに何度も襲われ、結局骨だけを持ち帰ることになる。そういう意味では「負けた」のである。それを知り尽くした上で、「さて、何に負けたのか」とヘミグウェイは老人に言わしめる。

思えば本書の三人も、今から半世紀前の一九六〇年代に、「勝って」「負けた」経歴をもつ。バザーニィリエは、ノーマライゼーションの原理を創り上げるが、FUBから追い出された。バザーリアは、精神病院の開設化を進めたが、ゴリツィアの精神病院を辞職に追い込まれた。そして、フレイレは、識字教育で有名になったがゆえに、軍事政権からマークされ、亡命を余儀なくされた。「さて、何に負けたのか」。

自分では抗えない運や宿命に「負けた」のか。だが三人は、単に運や宿命のせいとせず、変えるべき社会的課題と捉え、その後も闘い続けた。いや老人だって、不運だった、で終わってはいない。四人に共通するのは、勝ち負け、運や宿命を超えた何かを摑んでいた、ということなのかもしれない。

第七章　相手を変える前に自分が変わる

理解していないのは、あなたじゃないの？

「理解していないのは、あの人たちを理解していないのは、あなたのほうじゃないの、パウロ？」そういって、エルザはつけ加えた。「あの人たち、あなたの話はだいたいわかったと思うわ。あの労働者の発言からしても、それは明瞭よ。あなたの話はわかった。でも、あの人たちは、あなたが自分たちを理解することを求めているのよ。それが大問題なのよね」（フレイレ、二〇〇一：三四頁）

これは、世界的なベストセラー『被抑圧者の教育学』の著者で教育学者のパウロ・フレイレが、同書を執筆する十年以上前の、一九五〇年代後半に出逢った現実である。その日、彼はブラジル北東部レシーフェの貧民居住区にある産業社会事業団のセンターで、労働者たちを相手に、ピアジェの理論を使いながら、親が子どもたちに体罰しないように、というレクチャーをしていた。彼の話が終わった後、「年の頃四十歳くらいの、まだ若いのに老けた感じのする男」が発言を求めた。「よい話をききました」「私のようなものにもすっとわかりました」とお礼を述べた後に、次のように問い始めた。

パウロ先生。先生は、ぼくがどんなところに住んでいるか、ご存じですか？　ぼくらのだれかの家を訪ねられたことがありますか？（前掲書：三二頁）

彼はフレイレの暮らしと自分たちの暮らしがどのように違うのか、説明し始めた。自分たちはシャワーもお湯も出ない、「からだをおし込む狭苦しい空間」で、「おなかを空かせ」「のべつまくなしに騒ぎ立てているガキたち」と共に「辛くて悲しい、希望とてない一日」を「繰り返す」日々だった。その上で、こう述べたのだ。

わたしらが子どもを打ったとしても、そしてその打ち方が度を超したものであるとしても、それはわしらが子どもを愛していないからではないのです。暮らしが厳しくて、もう、どうしようもないのです。（前掲書：三二頁）

この言葉は、フレイレにとって「全生涯を通じて聞いたもっとも明快で、もっとも肺腑をえぐる言葉」（前掲書：三〇頁）であった。その日の夜、打ちひしがれながら帰宅する車の中で、たまたまその集会に同伴していた妻エルザからフレイレが言われたのが、冒頭の発言である。当時フレイレは、貧困地区の労働者「のために」働きたい、と熱意をもって仕事に取り組んでいた。だが、彼はあくまで一方的に労働者に話しかけているだけだった。彼ら／彼女らから学ぼうとしていなかった。労働者たちは、フレイレの話を理解していた。その一方、フレイレは、労働者自身が置かれた現実や生活環境のことを理解してはいなかったのである。その時のことを、彼はこんなふうに振り返っている。

ぼくは学ばねばならなかった。進歩的な教育者は、すべからく民衆に語りかけねばならぬときも、それを、民衆に、ではなく、民衆との、語りあいに変えていかねばならぬのだと。（前掲書：一三三頁）

「民衆に語りかける」とは専門家が民衆「のために」話す、という構えである。一方で、「民衆との、語りあい」は、専門家が民衆「と共に」語り合う、という構えである。この時点でのフレイレは、「〇〇のために」という構えであった。一方、この日の参加者やエルザからフレイレが突きつけられたのは、「民衆のために」話をいくらしても、彼女ら／彼らのことを理解していない間は、「民衆との、語りあい」は成立しない、という現実である。そこから、彼はある確信を抱く。

内在的論理を掴む

自分のテーゼ、自分の提起する考えがどんなに確かで疑いを容れぬものに思えるとしても、まず第一に、それが、話し相手である労働者階級の人びとの世界の読み方と嚙み合うものであるかを察知すること、第二に、かれらの世界の見方に多少なりとも馴染み、それに寄り添うことが必要だ、ということ。かれらの世界観のなかに明示もしくは暗示されている知から出発することによってこそ、それとは異なるタイプの知に立脚し保持されてきたぼくの側の世界の読み方について議論をすすめることが可能になるのである。（前掲書：二八頁）

フレイレが、レシーフェの労働者から突きつけられた課題とは何か。それは、教育する側の論理を絶対視することなく、教育を受ける側のことをまず理解することであった。教育をする側には、「理解していないのは教育を受ける側である」という暗黙の前提がある。だが現実は、エルザの指摘するように、「あの人たちを理解していないのは、あなた（＝教える側）のほう」なのである。その際にまず、対話の相手である「労働者階級の人びとの世界の読み方」を理解した上で、「かれらの世界の見方に多少なりとも馴染み、それに寄り添うことが必要だ」ということに、フレイレは気付かされたのだ。

実は、この気付きや認知転換は、次のバザーリアの発言にも通底する。

関心を持っているのは、病気ではなくむしろ病者です。より重要で有効なのは、患者の苦しみを和らげる術を治療を続けながら見いだすことであり、大学で勉強した精神医学の定める治療手順や治療法を試すことではないのです。（ザネッティ＆パルメジャーニ、二〇一六：四一頁）

「病気」とは、医学的な知識に基づいて定義できる、客観的なものだとされている。一方、「病者」とは、「病気」を抱えて生きる人間の存在であり、同じ「病気」を抱えていても、その人の生き様によって千差万別の暮らしが営まれる、標準化不能なものである。バザーリアが一九六一年にゴリツィアの精神病院の院長になった数年後に、インタビューに応えた彼の発言を見ていると、既にこの段階でバザーリアは、病気の治療という客観化・標準化可能な科学的知識体系や「精神医学の定める治療手順や治療法を試すこと」よりも、「患者の苦しみを和らげる術を治療を続けながら見出すこと」を重要視していたことがわかる。バザーリアは、精神病を抱えて生活することの苦しみを理解し、それを和らげることを治療を通じて見出そうとした。それは、バザーリアが科学的知識体系を絶対視せず、精神病を抱えた「病者」の「世界の読み方」をまず理解し、「かれらの世界の見方に多少なりとも馴染み、それに寄り添うことが必要だ」と考えたことを意味する。

そして、ニィリエも同じようなエピソードを述べている。

彼らは他人に依存し、依存しなければならないことに自尊心を傷つけられていた。こういった若者たちとかかわることで、機能障害のある人びとにとって、自立し自己決定の権利を持つことがもたらす特別な意味合いや、大人になることがどれほど困難なことかということを、初めて想像できるようになったのだ。（ニィリエ、二〇〇八：五〇頁）

ニィリエは、一九五六年から二年間、ハンガリー動乱後の難民収容所の社会福祉官や監察官を務めた後、五八年から五九年にかけて、脳性マヒの若者たちのための募金キャンペーンの仕事に携わっている。彼は難民であれ脳性マヒの若者であれ、支援対象者に一方的に何かを押しつけることはせず、まず彼ら彼女らの話を聴くことから始めていた。その中で、脳性マヒの若者たちがいかに「自尊心を傷つけられ」「大人になることがどれほど困難なことか」を理解した。

三人がこのことに気付いた一九五〇年代終わりから六〇年代の初めの頃と言えば、専門家や知的権威の絶対性が高く、「民衆」「患者」「障害者」の声が尊重される時代ではなかった。そんな時代に、三人が実践したことは何か。それは、対象者の「内在的論理」を摑む、ということである。

いまから約二百年前、ドイツの哲学者ヘーゲルは、『精神現象学』を著し、この世界に現れる出来事をどのように解釈したらよいかについて、ユニークな方法を提示した。（略）ヘーゲルの分析手法の特質は視座が移動することだ。ヘーゲルは、特定の出来事を分析する場合、まず当事者にとっての意味を明らかにする。対象の内在的論理をつかむことと言い換えてもよい。その上で、今度は、対象を突き放した上で、学術的素養があり、分析の訓練を積んだ〝われわれ（有識者）〟にとっての意味を明らかにする。更に有識者の学術的分析が当事者にどう見えるかを明らかにするといった手順で議論を進めていく。当事者と有識者の間で視座が往復するのだ。（佐藤、二〇〇七：二六六－七頁）

フレイレ、バザーリア、ニィリエの三人が、当時の標準的知識人と違う言動を創り上げていった原点の一つに、この「視座の往復」がある。三人は、「学術的素養」を対象世界に押しつける、ということをしていない。その逆で、「まず当事者にとっての意味を明らかにする」こと、つまりは「対象の内在的論理をつかむこと」からスタートする。「あの人たちを理解」することが、先決なのだ。その上で、「〝われわれ（有識者）〟にとっての意味を明らか」にし、更には「有識者の学術的分析が当事者にどう見えるかを明らかにする」という、正―反―合の弁証法的プロセスを実践していた。フレイレの発言に引きつけると、まず「かれらの世界観」を理解し（＝正）、その後に、「ぼくの側の世界の読み方」を提示し（＝反）、しかる後に、その二つを対比させて「議論をすすめる」（＝合）というプロセスを彼は突き進んできた。その際に、真っ先に必要なのは、「かれらの世界観」を理解する、という「内在的論理の把握」であった。

なぜこの内在的論理の把握が、本質的に重要だったのだろうか？

世界をより批判的に再読する

自分の現実を恥ずかしいと思うのは、かれらが支配階級のイデオロギーを内面化しているからであって、このイデオロギーにしたがえば、かれらは無能であるがゆえにいまの状況におかれているのであり、その責任はもっぱら本人自身にあるということになるのだ。かれらが貧しいのは、社会

システムのまずさに原因があるというのに。（フレイレ、二〇〇一：七六頁）

フレイレが把握したのは、労働者たちが「自分の現実を恥ずかしいと思う」認識であった。「かれらは無能であるがゆえにいまの状況におかれているのであり、その責任はもっぱら本人自身にある」というのが、彼らの内在的論理であった。だが、「分析の訓練を積んだ」フレイレにとって、その「意味」は反転する。「かれらが貧しいのは、社会システムのまずさに原因がある」のであり、「かれらが支配階級のイデオロギーを内面化しているから」であった。この支配者の「イデオロギーの内面化」の指摘と、フレイレの「学術的分析が当事者にどう見えるかを明らかにする」という弁証法的プロセスによって、労働者たちの世界観が大きく変わる。フレイレは、「識字教育」を通じて、そのプロセスを実践し始めた。

文字の読み方を学ぶに先立って、まずは世界そのものを読む学習が常時行われていたことだ。文を読み書きするということは、世界をより批判的に再読することをふくんでいる。それは「世界を書き直す」ための、いいかえれば世界を変革するための「旅立ち」なのである。それゆえに希望なのだ。またそれゆえに進歩的な識字教育者は、市民性の獲得において言語がもつ重要性を深く認識する必要があるのだ。（前掲書：五七頁）

フレイレはreading words and reading the worldという表現を用いる。「言葉」を読むことは、「世界」を読むことである、と。「自分の現実を恥ずかしい」と思い込む状態から、「言葉」を読むことを通じて、「支配階級のイデオロギーを内面化している」ということに気付かされ、つまりは「世界をより批判的に再読すること」ができる主体へと変容する、というのである。これが、「市民性の獲得において言語がもつ重要性」であり、識字教育のもつ希望であった[17]。そして、このような「世界をより批判的に再読すること」は、バザーリアにも共通していた。

患者が病院に収容されているとき、医師には自由が与えられています。ということは、収容された人が自由になれば、その人は医師と対等になるのです。しかし、医師は患者との対等な立場を受け入れようとはしません。だからこそ、患者は閉じ込められたままなのです。つまり医師こそが彼らをそうさせているのです。(ザネッティ&パルメジャーニ、二〇一六：四一頁)

それまでの精神病院で「患者は閉じ込められたまま」であるとき、多くの患者は「その責任はもっぱら本人自身にある」と思い込んでいた。だが、バザーリアが指摘したのは、その背後に働く「医師こそが彼らをそうさせている」という「からくり」であった。「医師は患者との対等な立場を受け入れようとはし」ないからこそ、「患者は閉じ込められたまま」にされる。そこには、医師や健常者といった「支配階級のイデオロギー」に基づく権力行使があり、患者はそれを「内面化」している、という「からくり」がある。だからこそ、ゴリツィアの精神病院の解放化を進めることで、この「からくり」に楔を打ち込もうとした。
ニィリエも、同じような「からくり」に気付いていた。一九六二年にスウェーデンの入所施設を訪問し、後にニィリエを大統領委員会に招くことになったアメリカの視察団が、スウェーデンの「モダンなタウンハウスの並ぶ住宅街のように見える新しい入所施設」をニィリエたちがなぜ批判するのか、理解できなかった。そのエピソードについて、彼は次のように語っていた。

私たちの批判の真の理由は、暗黙の了解のもとで施設が社会から分離されているからであり、さらには施設には個人の発達を助長するプログラムがないからだ。施設における個人の「発達」とは、施設生活に適応していくことだった。そして、改築された施設も依然として本当の意味での家庭ではなかったのだ。（ニィリエ、二〇〇八：五五頁）

いくら立派で美しい入所施設であれ、「施設が社会から分離されて」おり、「個人の『発達』とは、施設生活に適応していくこと」とされる現実とは、結果として「支配階級のイデオロギーを内面化」することにつながっていく。フレイレはマルクスに、バザーリアはグラムシに影響を受けた左派を自認している一方、ニィリエはリンドグレーンの詩は引用しても、マルクスもグラムシも引用してはいない。だが、彼の行ったことは、「社会システムのまずさ」ゆえに、知的障害者は入所施設での処遇という「いまの状況におかれている」、というリアリティの指摘であり、「支配階級のイデオロギーの内面化」の告発であった。

つまり、バザーリアやニィリエも、病院の解放化や入所施設批判を通じて、根源的に「世界をより批判的に再読すること」を行ってきたのである。そして、それは次のような共通要素をもっていた。

現実を括弧に入れる

「申し訳ないことをしました」と、かれらの一人がいった。「わたしら、しゃべりすぎまして。あなたがしゃべるのがいいのです。あなたはものを知っていなさるかただし、わしらは何も知らんのですから」。（略）なによりも無意味なことは、農民たちの沈黙を、ぼくの言葉で「満たす」こと、そうすることで、かれらが表明しているイデオロギーをかえって強化することだ。ぼくがしなければならぬことは、農民たちが言っていることを受け止め、それを問題化し、そこから新しい対話を導きだしていくことだ。（フレイレ、二〇〇一：六〇－六一頁）

農民たちは「何も知らん」と思い込んでいて、あるいは面倒なことになりたくないから、「沈黙」する。知識人の「ぼくの言葉で『満たす』こと」を求める。だが、フレイレはそれこそが「なによりも無意味なこと」だと断言する。それは、「支配階級のイデオロギーを内面化」することを「かえって強化すること」になるからだ。大切なのは、その内面化を一時停止し、第二章で取り上げた現象学的な表現で言えば、「括弧に入れる」ことで、留保することである。その上で、知識人の「ぼく」がなすべきなのは、「農民たちが言っていることを受け止め」（＝正）、それを問い直す形で「問題化」し（＝反）、そこから「ぼく」と「農民たち」との「新しい対話を導きだしていくこと」（＝合）を重視することであった。

この括弧に入れる、というのは、バザーリアが得意としていたことだった。

バザーリアのゴリツィア時代の日々の仕事の中で、括弧に入れるということは、「症状」に着目するのではなく、患者が言おうとしていることを注意深く聴くことに着目することを意味していた。精神病、アルコール依存症、うつ病といった大半の一般的なラベルを貼らずにいることは、簡単なことではなかった。というのも、訓練をうけた治療者は、他に表現する言葉を持たない状態で留め置かれるからである。それよりもむしろ素人のほうが、のちに外部から病院にやってくるようになったボランティアのほうが、精神科の業界用語や専門用語を知らないがゆえに、患者に関する伝統的でよどんだ方法論を離脱することが可能になった。（Scheper-Hughes and Lovell eds., 1987:8）

バザーリアが常に行っていたのは、「病気」や「症状」、「専門用語」を括弧に入れることであった。これは、専門家や訓練を受けた治療者にとっては、容易なことではない。なぜならば、専門家はそのような業界用語や専門用語で頭がいっぱいになっているからである。「専門用語」と「病気」や「症状」を簡単に結びつけてしまい、「患者が言おうとしていることを注意深く聴くこと」ができなかったからである。バザーリアが括弧に入れたのは、その結び付けや関連付け、そのものであった。レシーフェの農民の言葉を借りるなら、「あなたはものを知っていなさるかただし、わしらは何も知らんのですから」という「専門家は知っていて、労働者・患者は知らない」という暗黙の前提や強固な関連付けそのものを、括弧に入れようとしたのである。

このプロセスと同じことを、ニィリエも行っていた。

> 発言権や決定権を獲得することは、見下されたマイノリティ集団である視覚障害者や聴覚障害者、身体障害者や貧困者にとっては、かなり困難なことである。だが知的障害者になると、彼ら彼女らの基本的なハンディとは明確に表現することや、社会的要求や現実に順応することなので、そのような願望は、実現可能または望ましいものとして、一般的に受け入れられていない。(Nirje, 1992:57)

知的障害のある人は、知的な理解や判断能力に劣る、という「ラベル」が貼られていたがゆえに、職業や教育、暮らし方の選択や自己決定の対象から外されていた。当事者抜きで、当事者「のために」、第三者によって決められていた。だが、これは能力の過小評価であり、子ども扱いである。そこには、「そのような願望は、実現可能または望ましいもの」ではない、という専門家による偏見や先入観が働いている。ニィリエが括弧に入れようとしたのは、この専門家による偏見や先入観であった。

つまり、教育者や医師、支援者が、対象者の声に耳を傾けず、一方的に自分たちの知を押し付ける、という現状に対して、三人は疑問を感じ、その現実を括弧に入れようとしたのである。すると、自らのスタンスや暗黙の前提をも、括弧に入れる必要が出てくる。それが、フレイレがレシーフェの労働者に突きつけられた一言でもあった。

認識作用の再構成

教えながら、教師はすでに知っていることを知りなおしているのである。言いかえれば、生徒の認識作用によりそいながら、かれ・彼女は自分の認識作用を再構成しているのである。だから教えるということは一つの知る行為の形態であって、何かを教えることによって生徒のなかにも知る行為を呼び起こそうとすれば、必然的に、教師は自らも知る行為をおこなわざるを得ない。教えることは、それゆえに創造的な行為であり、批判的な行為であって、機械的な行為ではない。教師と生徒の知る意欲が、教える―学ぶという行為をベースにして、行動的に出会うのである。(フレイレ、二〇〇一:一一三頁)

大学で教えている僕自身の実感でもあるのだが、僕自身が「すでに知っていること」を一方的に伝えるだけ、というのは、なんともつまらない授業である。教員である僕がつまらないと感じているのだから、学生が面白く感じるはずがない。だからこそ、最近の大学では、授業のテーマに関して学生が授業中に話し合うなどの能動的参加を目指したアクティブ・ラーニングの導入が叫ばれている。僕は、文科省がこの言葉を提唱する以前からそれを積極的に取り入れていたが、それはフレイレから学んだことでもある。

学生たちと授業中に、そのテーマに関して議論をすることによって、「生徒の認識作用によりそいながら、かれ・彼女は自分の認識作用を再構成」できる。つまり、議論が展開していくなかで、他ならぬ教える側の僕自身が「自分の認識作用を再構成」し、「すでに知っていることを知りなおしている」歓びを味わえるのである。教える側にとっても、こんなに嬉しいことはない。だが、それは一方的に教える、という、「伝統的でよどんだ方法論」や「機械的な行為」を「離脱」する必要がある。そのことへの不安や恐怖から、「教える—学ぶという行為をベースにして、行動的に出会う」ことができていない教員がいるのも、また、事実である。だからこそ、アクティブ・ラーニングが声高に叫ばれる。

専門家のような「すでに知っている」人ほど、「知りなおお」すのは、容易ではない。この困難な「認識作用の再構成」を果たしたのが、フレイレであり、バザーリアやニィリエであった。

バザーリアはゴリツィアの精神病院長に就任した四年後の一九六五年に、既にこのことに気付いていた。

私たちの病院は本当に、すべての側面で施設病化(institutionalized)している。患者も医師も看護師も……。それ故、私たちはこの三つの集団が、自分たちの厳格な役割を打ち破ることによって、私たち全員の中に緊張や反・緊張をつくり出す状況を生み出す努力を続けてきた。これはリスクを取る、ということだ。それは、患者と医師、患者とスタッフを同じレベルにおき、共通の利害で結びつける唯一の方法である。(Scheper-Hughes and Lovell eds., 1987:72)

患者も医師も看護師も、社会から求められた「自分たちの厳格な役割」の中に閉じ込められ、「すべての側面で施設病化」していた。この硬直した役割関係を打ち壊すには、この関係性に「緊張や反・緊張をつくり出す」必要がある。それは、「患者と医師、患者とスタッフを同じレベルにお」くという「リスクを取る」ことだ。当時の精神病院では、そんなことが起きたらとんでもないことになる、と、絶対に取らなかった「リスク」である。しかし、「何かを教えることによって生徒のなかにも知る行為を呼び起こそう」とするように、患者への支援や治療を通じて、患者の中に何らかの「行為を呼び起こそう」とするならば、治療者側こそ「自らも知る行為をおこなわざるを得ない」。それが、「共通の利害で結びつける」ために「同じレベルにお」くという「リスクを取る」行為だったのである。

そして、ニィリエが目指したのも、知的障害者を巡る「厳格な役割を打ち破る」ということであった。一九六五年に、知的障害をもつ若者と二週間の合宿をするなかで、参加者に大きな変化が見られた。

クラブでの活動を通じて、自分には力があると感じられるようになり、会議で発言することを学んでいった。彼らの声に耳を傾ける人たちが出てきて、彼ら自身がありのままの状態で尊敬を集めるようになってきた。若者たちは、自分の障害については認識していた。しかし、声を大にはしなかったが、将来の希望をもっていた。それがどうなるかは未知のものだったが。これらの若者にとっては、大人になり、尊敬を受け、注目され、理解され、その他の人たちと同じ自己決定するための権利を得ることは非常に重要なことだった。（ニィリエ、二〇〇八：七〇頁）

知的障害者は「明確に表現することや、社会的要求や現実に順応すること」ができない、と見なされ、彼ら／彼女らの「自己決定」は無理だと思われていた。だが、実際に知的障害の若者たちが障害のない人とペアになって買い物や観光を一緒にするなかで、彼ら／彼女らはそのやり方を学んだ。そして、そのプロセスを通じて、「自分には力があると感じられるようになり、会議で発言することを学んでいった」。これは、フレイレが識字教育で大切にしていた、reading words and reading the worldと通底している。お金の払い方や店員とのやりとりの仕方を学ぶ（reading words）なかで、この社会への関わり方や自己認識が変わった（reading the world）のである。そのことは、ニィリエが「知的障害者には無理だ」と決めつけることなく、「教師と生徒の知る意欲が、教える—学ぶという行為をベースにして、行動的に出会う」というプロセスの中に身を投じたからこそ、初めてできたのである。

つまり、フレイレ、バザーリア、ニィリエの三者は、「自分は知っている専門家で、相手は何も知らない対象者だ」という現実認識をこそ括弧に入れた上で、まずは相手を理解し、相手から学び、相手「と共に」変わっていこうとする、「認識作用の再構成」を体現した人物である、と言える。それこそが、「相手を変える前に自分が変わる」ということだ。これは、僕にとっても、読者のあなたにとっても、言うは易く行うは難し、であろう。だが、それを実践したからこそ、三人はこの社会の当たり前をひっくり返すことができたのである。

その「ひっくり返し」の際に重要なキーワードとなるのが、「対話」と「意識化」である。

第八章　オープンダイアローグとの共通点

二〇一七年四月、僕は毎週末、当時暮らしていた甲府から京都まで、片道五時間かけて通っていた。オープンダイアローグの一つである「未来語りのダイアローグ」の提唱者であるトム・アーンキルさんと、この手法を組織開発やまちづくりに応用しているトムさんの弟、ボブさんのお二人によるファシリテーター養成の集中トレーニングコースに参加するためである。

このトレーニングコースで学び経験した「開かれた対話性」は、本書で考えてきたことと相通ずる部分が非常に大きい。そこでこの章では、オープンダイアローグに関する解説を簡単にした上で、バザーリアやニィリエ、フレイレの実践とこのオープンダイアローグがどのように交錯するのかを整理してみたい。

オープンダイアローグとは何か

オープンダイアローグには基盤を同じにする二つの流れがある。一つは、急性期の精神症状をもつ人からのＳＯＳがあれば、原則二四時間以内に医療チームが駆けつけ、本人の訴えに耳を傾けるとともに、本人が望む人が同席して、本人が望む場所で毎日のようにミーティングを続けるなかで、急性症状が治まり、入院を防止したり、投薬を減らしたり／時には投薬しなくても精神症状が治まる、という精神科領域での治療を目的とした「オープンダイアローグ（Open Dialogue: OD）である。もう一つは、精神科のみならず、福祉や教育などの教多くの専門機関が関わる「困難事例」と呼ばれるケースに関して、ファシリテーターが関わることで、その「困難さ」を解きほぐし、次の一手を見出すことができる「未来語りのダイアローグ（Anticipation Dialogue: AD）」のことである。

ODの提唱者であるヤーコ・セイックラは臨床心理士。フィンランドの西ラップランド、ケロプダス病院で上記の医療チーム実践に関わり、急性期の精神科治療においてODが劇的な効果をもたらすだけでなく、結果的に精神病床の削減も進んだことを英語論文で発表し、世界中から注目されている。ADの提唱者であるトム・アーンキルもフィンランド人の社会学者。彼は「問題行動」とラベルを貼られた子どもの支援現場をフィールドにするなかで、多機関が集まる関係者会議がしばしばこじれるのは、「クライエントの家族が維持しているパターンを再演」（セイックラ&アーンキル、二〇一六：四九頁）しているからである、ということに気付いた。そこで、その悪循環パターンから抜け出す「未来語り」にヒントを得て家族療法に取り入れ、ファシリテーターとして関わるだけでなく、ファシリテーターの養成にも力を入れてきた。

日本では、アメリカ人の元心理療法家のダニエル・マックラー監督がケロプダス病院を取材した『開かれた対話』の上映会運動[18]が二〇一三年あたりから広がり、僕自身も二〇一五年にケロプダス病院に取材に出かけ、あるいはヤーコさんやトムさんの来日講演会に足を運びながら、この実践について学んできた。そして二〇一六年、この二人による著作『オープンダイアローグ（原題：Dialogical Meetings in Social Network: 社会的なネットワークの中での対話的なミーティング）』（日本評論社）が出版されたことで、日本の精神医療の現場では、オープンダイアローグが注目されつつある。また日本では、ひきこもり支援の第一人者のお一人である斎藤環さんが、自らの臨床でもOD的な要素を取り入れ、日本での提唱者の一人として著作（『オープンダイアローグとは何か』医学書院）も出していて、オープンダイアローグの日本での普及に力を入れている。

ではODとADはどこが同じであり、何が違うのだろうか。トムさんたちが書いたブックレット[19]では、それは主観的懸念（subjective worry）の大きさの違いだ、と指摘している。彼は心配事や懸念は単独では存在せず、他者との関係性の中での心配事（relational worries）である、とも述べている。支援を必要とする人と家族や支援者との関係性の中での心配事が少なければ、通常の支援でよい。だだが、急性期の精神症状をもつ人であれば、本人と周りの人の関係性における心配事は最大化する。その際には、治療目的をもつ医療チームによるODが役に立つ。一方、支援困難事例とは、緊急性をおびてはいないけれど、放っておくと大きな問題になる、という意味では重要性が高い事例である場合が多い。このようなグレーゾーンの心配事の場合、ADのようなやり方が役に立つ、と述べている。

そして今回、ADのファシリテーター養成研修に僕は参加し、OD／ADに関する理解を深め、実際のダイアローグを僕自身も経験するなかで、これが精神医療だけでなく、福祉現場のパラダイムシフトになりうる、と感じ始めている。

関係性の中での心配事

支援者がケースに関する心配事を述べるとき、対象者（ケース）が何らかの問題や課題を引き起こしているから心配だ、という暗黙の前提がある。だが、例えば「困難事例」を紐解いてみると、「その対象者が困難性を抱えている」だけでなく、「その対象者に困難を感じる支援者の私がいる」という意味で、「支援者にとっての困難」である場合も少なくない。

これは「心配事」と置き換えても全く同じである。社会資源の不足や家族関係のこじれ、あるいは支援の見通しが立たない等、対象者（やその家族）に関する支援者の「心配事」が高まったときこそ、「関係性の中での心配事（relational worries）」を意識する必要がある。なぜなら、その「心配事」を構成しているのは対象者だけでなく、「そう感じる支援者の私」も、構成要素の一部分であるからだ。

だが多くの支援者は、「問題の一部は自分自身」であるとは考えない。だからこそ「関係性の中での心配事」の度合いが大きくなると、どうしてよいのかわからなくなり、入所施設や精神病院への「丸投げ」という選択肢を安易に選ぶ可能性が高くなる。これは、半世紀前でも今でも、残念ながら地続きの思想である。一方、半世紀前から、この「関係性の中での心配事」について自覚的だったのが、この連載で取り上げてきた三人の先達である。

例えばニィリエは、「知的障害を一つの『ハンディキャップ』ではなく、相互作用での困難さであるとしたい」（ニィリエ、二〇〇八：一一五頁）としている。その上で、一九六五年に行われた知的障害のある若者に向けた「社会訓練の講習会」について、次のように振り返っている。

私たちは経験から、親たちが不安のあまり自分の子どもを低く評価したり、実際の能力に気づいていないということを何度も立証してきた。若者たちは、自分にハンディがあるために親が非常に悲しんでいるので、自分も悲しい思いをしているということを何度も話してくれたものだ。（前掲書：六九–七〇頁）

「相互作用での困難さ」とは何か。それは、知的障害の当事者が、自らのハンディを悲しむ・自分のことを低く評価する親の不安や心配事から逃れられない、という困難さである。親は子どもに対して心配事をもっているが、子どもはその親の過剰な心配事から逃れることができない、という「関係性の中での心配事」を抱えているのである。ゆえに、これらの若者にとって「大人になり、尊敬を受け、注目され、理解され、その他の人たちと同じ自己決定するための権利を得ることは非常に重要なことだった」（前掲書：七〇頁）とニィリエは指摘する。

この「関係性の中での心配事」および「相互作用での困難さ」については、バザーリアも同じようなエピソードをもっている。彼の伝記から拾ってみよう。

バザーリアが記憶しているのは、患者にまつわる危険性は、「病によってのみ引き起こされる」のではなく、しばしば、当事者が置かれた環境や地域社会における拒絶的な態度によっても増長させられるということだった。それゆえ、そうした危険性は制御可能なものだと自覚することこそが重要な事だと彼は明言した。（ザネッティ＆パルメジャーニ、二〇一六：四三頁）

精神障害者の周囲にいる人はしばしば、「患者にまつわる危険性」への「心配事」を抱えている。しかしながら、それは「当事者が置かれた環境や地域社会における拒絶的な態度によっても増長させられる」という意味で、「関係性の中での心配事」である。しかも、周囲の「拒絶的な態度」によって「危険性」が「増長」させられると、そこから本人が自発的に逃れることが難しいという意味で、「相互作用での困難さ」でもある。

フレイレは、「そうした危険性」を「制御可能」にするためにも、抑圧されている人への「教育」が根本的に重要だ、と説く。

被教育者は対象を認識することをとおして、自己を再―認識する。かれは、対象の意味を問いかける営みに参加することをとおして、そのなかで批判的な意味形成の主体になっていくことをとおして、彼自身の認識能力を再―発見する。（フレイレ、二〇〇一：六二頁）

三人に共通していたのは、「問題行動」や「困難事例」を個人の「問題」「困難」と矮小化することへの問いかけだった。障害があっても、小作人のように搾取されていても、「対象を認識することをとおして、自己を再―認識する」ことは可能なのである。

しかしながら、親や周囲の人々、あるいは搾取する側の「心配事」が強まると、社会的に（相互の関係性の中で）弱者である側は、強者の眼差しを一方的に受け入れなければならず、「相互作用での困難さ」を感じている。だからこそ、危険性も含めて「制御可能なものだと自覚すること」や「自己決定の権利を得ること」といった「認識能力」の「再―認識」や「再―発見」が、極めて重要になるのだ。

しかし、それを可能にするためには、越えるべき壁がある。

他者の他者性と出会う

オープンダイアローグで大切にされているのは、哲学者レヴィナスのいう「他者性」である。セイックラとアーンキルは、この点について次のように整理している。

他の自己というものは決して完全には理解できないし、説明もできない。他者の他者性は、類似性を超越している。（略）他者は、私の目的にとっての潜在的手段であるかもしれないが、他の自己、つまり私や他者と同じような人たち、そして私が完全には理解できない他者なのである。私は彼らに対して応答する関係におり、それゆえに、私の行動に責任があるのだ。私の側と他者の側の責任が、対話的関係を生み出すのである。（セイックラ&アーンキル、二〇一六：一〇六頁）

僕はこの本を一読したとき、なぜ「他者の他者性」についてわざわざ考察しているのかが理解できていなかった。だが、実際に研修に参加して痛感したのは、僕たちがいかに「他者の他者性」に無自覚で、「わかったつもり」をしているか、ということだ。特に「専門家」「親」「教師」は、「対象者」「子ども」「学生／生徒」の一番の理解者である、と誤解する。ここに大きな盲点がある。

この点で思い出すのは、以前にも引用した、ニィリエが障害者の家族会の親たちから批判された際のエピソードだ。

これらの批判者は結果を信じることができず、知的障害者が自分でこういった結論を出したとは思わず、誰かに指導されコントロールされた結論であると主張した。かれらの最終的な主張は、こういったプログラムは親たちによりコントロールされるべきであるというものだった。（ニィリエ、二〇〇八：九六頁）

ここには、①知的障害者は自分で結論を出せないので、誰かにコントロールされるしかない、②そうであれば親がコントロールすべきである、という二つの前提がある。

まず、①に関しては、ニィリエは「若者たちは親が考えてもいなかった事柄や、知らなかった事柄ができるということにも気づいた」(前掲書、六八頁)。つまり知的障害者の親が子どものことを「決して完全には理解できない」ということに気付いた。にもかかわらず、②「親たちによりコントロールされるべきである」と親が主張するとき、「私が完全には理解できない他者」として知的障害の子どもに接するのではなく、それゆえに「対話的関係を生み出す」ことができないのである。そのことにニィリエは気付き、親たちは気付いていなかった。だからこそ、ニィリエは「親の会」から排除されたのである。

一方バザーリアは、投薬による「わかったつもり」の危険性を次のように指摘している。

医師は、自分が処方する薬を通じて、彼が意思疎通できない、あるいは分かち合う言葉を見いだせない患者への、医師自身の不安をなだめることができる。医師は、「理解できない」状況を自分自身で操ることができない事態に対して、新たな暴力の形態で埋め合わせるのである。しかもその間、患者の客体化はずっと続いている。(Scheper-Hughes and Lovell eds. 1987:82)

「『理解できない』状況を自分自身が操ることができない」とは、まさに「私が完全には理解できない他者」との出会いそのものである。だが、その「他者」との「対話的関係」よりも、医師が選ぶのは「医師自身の不安をなだめる」処方である。つまり、「彼が意思疎通できない、あるいは分かち合う言葉を見いだせない患者」に対する「応答する関係」を拒否し、投薬という「新たな暴力の形態で埋め合わせる」ことで、「患者の客体化」がますます進むのである。

このような「客体化」や「わかったつもり」を、フレイレ自身もしでかしたことがある。前章で、フレイレが妻エルザから「理解していないのは、あなたじゃないの？」と指摘されたエピソードを紹介したが、彼はその誤りを次の二点にまとめている。

ぼくの第一の誤りは、僕の言葉を聞き手の言葉と摺り合わせる努力をせずに、自分の言語を濫用したことだ。第二の誤りは、目の前の聴衆の厳しい現実に無頓着であったことだ。（フレイレ、二〇〇一：二九頁）

「自分の言語を濫用」する、とは、「私は彼らに対して応答する関係におり、それゆえに、私の行動に責任がある」という関係性を放棄することである。あなたと私の「関係性の中」で「話が伝わらない」という「心配事」が構成されるのに、「ぼく」は相手の「現実に無頓着であった」。ということは、当時のフレイレは相手を一人ひとりの人間ではなく、「聴衆」というラベルで「客体化」していたのである。その上で、専門用語を「濫用」するのなら、それは投薬と同じ「新たな暴力の形態で埋め合わせる」行為になってしまうのである。

精神病者や知的障害者、小作人は、対等な人間として扱われず「客体化」され、「わかったふり」

という「新たな暴力の形態で埋め合わ」される対象であった。そんな「被抑圧者」に対して、バザーリア、ニィリエ、フレイレは、自分自身が「彼らに対して応答する関係におり、それゆえに、私の行動に責任がある」と、「対話的関係」を半世紀前から既に引き受けた。つまり、被抑圧者という「他者」の「他者性」をはっきり認識したがゆえに、応答関係に一歩踏み出したのである。

対話的関係性

対話とは、「言うは易く行うは難し」である。相手が何かを話しているとき、自分がそれに関して言いたいことが出てくると、相手を待つことができず、あるいは相手の話を受け止める前に、ついつい自分が言いたいことを先に言ってしまうのである。これは、対話のフリをしていても、本当の対話ではない。「オープンダイアローグ」では、このような関係性を指して、「モノローグ的対話」と呼んでいる。

モノローグ的対話では、話し手はいつも自分の言っていることを正当化して、弁護する立場になる。この種の会話には権力関係が入り込みやすく、「これこそが正しい答えだ」と決める権限をもつ者がしばしばあらわれる。〈対話〉で重要なのは、応答が新たな意味をつくりだすことである。共に考えるという領域に移行するのだ。対話的発言は、語られたことに応答して新たなパースペクティブが開かれることを期待する。（セイックラ&アーンキル、二〇一六：一一三頁）

「応答が新たな意味をつくりだす」とは何か。それは、「これこそが正しい答えだ」と相手に決めつけるような関係性を超え、「共に考え」「新たな意味をつくりだす」ことができる関係性である。ニィリエはそれに関連して、次のように述べていた。

知的障害者が説明している問題や期待が現実的に対応されることなく、尊敬の念をもたれず、大部分が無視されるような場合、彼らは傷つき、彼らが繰り返し抗議している疎外感や見下されているような感じを味わうことになる。しかし、彼らの提案や期待がノーマルな民主的なプロセスにそって処理され、決定され対策が実施されるならば、当事者参画のプロセスは意義深いものであり続け、彼らを強化し、発展し続けることになるだろう。（ニィリエ、二〇〇八：一五三頁）

「疎外感や見下されているような感じ」は、知的障害者が単独でつくり出すものではない。自分たちの主張や説明に対して、「現実的に対応されることなく、尊敬の念をもたれず、大部分が無視されるような場合」、つまりは「『これこそが正しい答えだ』と決める権限をもつ者」の意見を押し付けられた場合に、社会的に構築されるものである。一方で、「彼らの提案や期待がノーマルな民主的なプロセスにそって処理され、決定され対策が実施される」ということは、「応答が新たな意味をつくりだす」「対話的関係」になる、ということである。そのような関係性の変化は、精神病院を廃止した後のトリエステでも見られていた。

トリエステでは、鉄格子の門が開け放たれ、続いてマニコミオが閉鎖されてからは、〈狂人〉たちが引き起こす暴力事件は劇的に減少した。不利な立場にある彼らは、障害を抱えながらも、市民と同等の立場を手に入れ、生活に必要なものにさほど束縛されなくなり、自立の度合いを高めた。そして自分自身のことを考えられるようになった。また以前では想像すらできなかったことだが、彼らが物心両面で欲求を満たし、長きにわたって胸にしまいこんできた夢や儚い望みを叶えられる可能性が生まれた。（ザネッティ&パルメジャーニ、二〇一六：一二三頁）

「〈狂人〉たちが引き起こす暴力事件」とは、ある意味では「『これこそが正しい答えだ』と決める権限をもつ者」への反発であり、そういう「モノローグ的対話」への「応答」だったのかもしれない。だからこそ、「不利な立場にある彼らは、障害を抱えながらも、市民と同等の立場を手に入れ」ると、そのような「暴力事件は劇的に減少した」のである。なぜなら「彼らの提案や期待がノーマルな民主的なプロセスにそって処理され」「物心両面で欲求を満た」される経験をするなかで、「語られたことに応答して新たなパースペクティブが開かれることを期待」できる、という「対話的関係性」をもち始めることができるからだ。

そして、この「対話的関係性」こそ、フレイレが追い求め続けてきたことだった。

対話こそが変革の行動の「本質」なのである。この行動の理論によると行為者は間主観的存在として、自らを媒介している現実を対象として行為を起こす。そしてその変革を通じて人々の人間化に向かう、ということである。抑圧者の理論では、その「本質」は対話に反対すること——反—対話にあるのだから、こういうことが起こることはない。とてもシンプルなことだと思う。前者の理論では行為を起こす人は抑圧者の現実を対象として行動することが目的であり、後者の抑圧者の理論では被抑圧者の現実を維持しようとすることが目的である。(フレイレ、二〇一一:二一九頁)

「間主観的存在」というのは、どちらか一方の「主観」を押しつける「モノローグ」的なものではなく、「応答が新たな意味をつくりだす」「共に考える」対話的関係性を基盤とした存在である。それは「被抑圧者の現実を維持しようとする」「客体化」を目指した、「反—対話」とは真逆のものである。「ノーマルな民主的なプロセス」が保障されているからこそ、「疎外感や見下されているような感じ」から逃れることができる。すると、「市民と同等の立場を手に入れ」たという安心感から、「自立の度合いを高め」「自分自身のことを考えられるようになった」のだ。その結果として、「暴力事件は劇的に減少した」し、「繰り返し抗議」するために、叫んだりわめいたりする必要もないのだ。

これが「対話こそが変革の行動の『本質』なのである」という意味そのものである。ではそのような「対話的関係性」を創り出すために、必要なこととは何だろうか。

開かれた対話性(Open Dialogicity)

浮かんでくる診断に関する考えやそれに続く治療の図式のような専門家の予断は、相手の話を聞くことを妨げ、〈対話〉の生成を邪魔する「ノイズ」を生み出す。したがって、専門家にとって大事なことは自分たちの見方を押しつけるのではなく、それを変化させることである。（セイックラ＆アーンキル、二〇一六：二〇二頁）

「知ったかぶり」「わかっているつもり」になる「モノローグ的対話」とは、「いつも自分の言っていることを正当化して、弁護する」ために予断やノイズに満ちている。それは、専門家による診断や治療の図式、アセスメントの中にもふんだんに含まれている。これを脇に置き、バザーリア流に言えば括弧に入れて、「自分たちの見方を押しつけるのではなく」「相手の話を聞くこと」ができるか。これが、対話的関係性を構築する鍵である。

このことに関連し、第二章でもご紹介したが、バザーリアは医師による「診断」は「制裁である」と指摘している。

この制裁には、治療的な価値が全くない。誰が正常で誰が正常ではないか、を選別することのみに用いられ、この規範がひとたび科学的に確立されたら、柔軟性や議論の余地のある概念ではなくなり、医師や社会の双方の価値観と強固に結びついた何かになる。（Scheper-Hughes and Lovell eds., 1987:80）

精神科の診断においては、「正常さ」が診断される。だが、「あなたは異常である」と指摘するとき、そう判断する私自身は正常である、という予断が含まれている。ただ、「異常」と選別した「相手の話を聞く」ことは、異常な人の中にある正常な部分を見出す「対話」の可能性を開く。とはいえ、そうすることは、自らの「専門家の予断」を否定することにもつながりかねない。相手を変化させる前に、「自分たちの見方」を「変化させること」が求められるかもしれない。そんな「柔軟性や議論のある概念」では、「反—対話」に基づく「抑圧」の関係性を保つことができない。だからこそ、「医師や社会の双方の価値観とぎちぎちに、また強く結びついた何か」を、専門家は絶対視する。

しかし、ひとたびこの予断を超えることで、社会の価値観そのものが大きく変わることがある。それはニィリエの回顧録でも以下のように整理されている。

以前は「ノーマル」であり、社会における知的障害者ケアの問題を解決する最高の方法であると考えられていた施設は知的障害者や障害のある人たちの症状を改善するどころか悪化させているので、今日ではアブノーマルだと考えられている。私たちは、一九六〇年代に、三〇年後にはこのような考え方をするようになり、こういった社会的発展は当然のことであり、施設は法律違反であると決定する国が出てくるなどと想像することができたであろうか？（ニィリエ、二〇〇八：一一〇頁）

入所施設や精神病院でのケアが「ノーマル」であった時代。それは半世紀前の常識であり、「予断」

だった。しかし、バザーリアやニィリエたちのように、「自分たちの見方を押しつけるのではなく、それを変化させる」ための「対話的実践」をしてきた先駆者のお陰で、半世紀前の「ノーマル」「最高の方法」は、「今日ではアブノーマルだと考えられている」段階にまで到達した。今から思えば当然の変化に思えるが、「三〇年後にはこのような考え方をするようにな」るとは想像すらできなかったのだ。そんな変化を半世紀前から望み、対話的関係を、当時対話ができると考えられていなかった障害者と築いてきた、「予断」を徹底的に疑ったバザーリアやニィリエだからこそ、「ノーマル」の基準ごと変えたのである。

そして、そのことはフレイレの次のフレーズと響き合う。

被抑圧者は人間として闘うのであって、「モノ」として闘うのではないことはいうまでもない。それというのも、抑圧者との関係のうちで、被抑圧者はほとんど「モノ」の状態に貶められ、自らを破壊してきたからだ。自らを再構築するためには、このほとんど「モノ」扱いされてきた状態を越えていかねばならない。（フレイレ、二〇一一：七二―七三頁）

バザーリアやニィリエも、精神病者や知的障害者を「モノ」として扱わなかった。同じ人間として、「決して完全には理解できないし、説明もできない」他者として出会った。だからこそ、「彼らに対して応答する関係におり、それゆえに、私の行動に責任があるのだ」と感じた。そこで、「対話的関係性」を築きながら、社会の予断や正常さ、ノーマルこそを根本から批判した。異常や逸脱というラベル（＝予断）に重きを置かず、「相手の話を聞く」ことを重視した「対話的関係性」をもつ、という意味で、「開かれた対話性（Open Dialogicity）」を自らの実践の基盤にしたからこそ、多くの共感者や賛同者を得て、社会を大きく変える一歩を踏み出すことができたのだ。フレイレの「対話こそが変革の行動の『本質』なのである」という発言がまさに体現されていたとも言える。

その上で「自分たちの見方を押しつけるのではなく、それを変化させる」ための第一歩として必要不可欠なのが、「意識化」である。

第九章　批判的な探求者

「意識化」とは何か

人々を破壊的な狂信にかりたてるのは、意識化ではない。意識化はむしろ逆に、人々が主体として歴史のプロセスに関わっていくことを可能にし、狂信主義を避けて、一人ひとりを自己肯定に向かわせる。（フレイレ、二〇一一：九頁）

パウロ・フレイレの主著『被抑圧者の教育学』におけるキーワードが、前章で主題化した「対話」と、本章で主題化する「意識化」である。このうち「意識化」に関して、彼は「人々が主体として歴史のプロセスに関わっていくことを可能に」するプロセスだと描いている。これが何を意味しているか、を考える上で、フレイレと出会った僕自身の「意識化」について、触れることから始めてみたい。

それは、障害者福祉や精神医療の世界に馴染みの深い人にとっては聞き慣れない教育学者のフレイレが、ニィリエやバザーリアを語る上で必要不可欠な存在である理由を整理することにもつながるし、この「意識化」は僕自身を「自己肯定に向かわせる」ものでもあった。

二〇年近く前の大学院生時代、国際協力を学ぶ仲間からパウロ・フレイレの存在を教わり、『被抑圧者の教育学』もナナメ読みしていた。だが、その難解な思想と硬質な翻訳語の文体[20]に馴染めず、気になりながらもしっかり読み込んで自分のものにする、ということには至らなかった。その後、大学教員になった頃だろうか、たまたま本屋で見つけた一冊の本に書かれていたフレイレ思想の解説が、僕にとっての「意識化」のキーブックとなった。

> 従来の「伝達」の方法は、人々の無知を〝空の箱〟にたとえ、その〝箱〟を指導者の知識が満たすという比喩から「銀行型アプローチ」ともよばれる。課題提起型というアプローチはこれとはまったく異なる。まず、人々は彼ら自身の経験からすでに知の所有者であり、物事を考え探求できる能力をもっていると考える。ゆえに〝指導者〟(ここではもはや指導者ではなくファシリテーターであるが)の役割は、彼ら自身が現実社会を分析し、発見し、行動していくための課題を提起し、その過程を支援することにある。ここで求められるのは覚えることではなく、疑い、問い、考えることである。(久野・中西、二〇〇四:一四四頁)

〝空の箱〟を満たす。このアプローチは受験勉強に代表される暗記型のアプローチであり、僕自身が一番苦手とするやり方である。英単語や数式などを丸暗記するのがとにかく苦手で嫌いで、大学に入るまで僕は勉強が楽しいと思えなかった。一方、大学での学びは、「現実社会を分析し、発見し、行動していく」ための学びと僕には感じられ、学ぶことが面白くなってきた。それが、大学院に残った理由の一つでもある。そして、「黙って覚えろ」という知識詰め込み型の教育を「銀行型アプローチ」と名付け、一方で「覚えることではなく、疑い、問い、考えること」を重視する教育を「課題提起型」(本論考ではフレイレ本の新訳の表現にならって、以後は「問題解決型」と統一する)と整理することで、フレイレが二つの教育に関する価値前提の違いを整理したことを改めて学び直し、僕自身の意識化が始まった。ちなみにこの本の中では「意識化」は次のように整理されている。

意識化とは、差別され不平等な状況に置かれている人々が、自分の置かれている状況を客観的・分析的・批判的に読み解き、その状況を変革可能なものとして捉え、批判的意識へと向かう自らの自律的で継続したプロセスである。それは、不平等な社会を変えていく能力が自分自身にあることを自覚する過程ともいえる。(前掲書：一四一頁)

途上国での障害者のエンパワメント支援に取り組む久野さんと、アジア・アフリカ地域の障害者の自立生活運動を障害当事者の視点で支える中西さんの共著ゆえに、このフレイレの「意識化」の定義はまさに障害者運動と通底する定義である、と言える。[21] ニィリエやバザーリアの営みも、知的障害者や精神障害者が「差別され不平等な状況に置かれている」状況に出会い、彼女ら／彼らが「置かれている状況を客観的・分析的・批判的に読み解き、その状況を変革可能なものとして捉え、批判的意識へと向かう自らの自律的で継続したプロセス」に身を投じたところから始まった。そして、僕自身もこの本に出会ったあたりから、大学という「現場」で、ささやかながら同じような「プロセス」に関与し始めた。

コード化と脱コード化

僕が三〇歳で初めて常勤職として大学で教え始めたとき、受講する学生の中には、九〇分間、真剣に授業を聞いてくれない人もいて、対応に困っていた。その時、「静かにしなさい」と注意したり、「しゃべっている人は出て行きなさい」と怒ったり、「指示に従わない人は単位を出さないよ」と恫喝したりして、何とか統制しようとしていたが、そのやり方が実に不毛で意味がないように思えた。そんな時代の僕の授業を、フレイレはこのように鮮やかに描いている。

生徒と気持ちを通じさせる、コミュニケーションをとる、というかわりに、生徒にものを容れつづけるわけで、生徒の側はそれを忍耐をもって受け入れ、覚え、繰り返す。これが「銀行型教育」の概念である。「銀行型教育」で生徒ができることというのは、知識を「預金」すること、知識を貯めこむこと、そして、その知識をきちんと整理しておくこと、であろう。いわば、知識のコレクターというか、ファイル上手というか、そういうタイプの人になる、ということだ。しかし最終的には「銀行型教育」によってファイルされてしまう、カテゴライズされてしまうのが人間だ、ということになってしまう。本来の探求という意味や、本来の修練という意味は失われ、一人ひとりが本来の人間になる機会を奪われてしまう。（フレイレ、二〇一一：八〇頁）

僕は大学で授業を「する」側になったとき、自分が授業を受けていた時代の教師のやり方を、そのまま踏襲しようとしていた。九〇分間という時間を、専門の講義内容を語ることで展開しようとしていたのである。それは、生徒の「忍耐」が前提である、という自覚はなかった。なぜなら、僕自身、「知識のコレクターというか、ファイル上手というか、そういうタイプの人」が集まる場で学び続けてきたからである。そして、受験勉強が嫌だった僕自身も、受験システムに適応し、気がつけば「ファイル上手」であることを、「意識化」してはいなかった。

だが、朝練習を終えてクタクタになったカレッジ・アスリートの中には、「銀行型教育」への「忍耐」が不得手な学生が少なからずいる。「知識を『預金』すること、知識を貯めこむこと、そして、その知識をきちんと整理しておくこと」が苦手で、「どうせ自分はできないから」と授業への関与を放棄しようとする学生たちである。彼女ら／彼らに「不真面目学生」とラベルを貼れば話が早いが、フレイレの本を読み込むうちに、それは己の決めつけのように思えてきた。彼女ら／彼らに実際に話しかけ、気持ちを通じさせると、実に人間味があり、魅力的なのである。つまり、僕自身の「生徒にものを容れつづける」姿勢や、それに従わない学生を不真面目とカテゴライズする構えがまず先にあって、それを受けて、その学生たちは「真剣に聞かない」という形で応答している、と気付き始めた（もちろん、これほどクリアに当時は整理できていなかったが）。であれば、「一人ひとりが本来の人間になる機会」を見つけるために、「本来の探求」を授業内でどうしたらできるのか、を考え始めた。

そこで僕なりに取り入れたのが、コード化と脱コード化である。

現実の状況のコード表示とは、その場面の構成要素とその相互作用をわかりやすく表したもののことである。脱コード化はそのコード化された状況を批判的に分析することである。（前掲書：一五七頁）

僕の講義では、子どもの貧困や、ひきこもり、ワーキングプア、自殺や過労死、「ゴミ屋敷」……など様々な社会問題を取り上げた番組を毎回見てもらう。「その場面の構成要素とその相互作用をわかりやすく表した」番組は、まさにある問題の焦点に関する「コード化」がなされたものである。映像を見る前に、その日の主題テーマに関する自分自身の価値観をワークシートに書いてもらう。「ホームレスは怠けている人なのだろうか？」などといった簡単な問いで。その上で、「コード化」された番組を見ながら、学生たちの「状況を批判的に分析する」ために、「脱コード化」を促進する問いを含んだワークシートに書き込んでもらう。映像を見た後、そのワークシートに基づき、学生たちにマイクを向け、対話を始める。すると、隣の人とおしゃべりしたり、寝ていた学生たちも、コミュニケーションに加わるようになり、やがて「気持ちを通じさせる」こともでき始める。これが、問題解決型教育の肝でもあった。

批判的な探求者

「銀行型」教育の概念では教育する者は教育される者を偽の知識で「一杯いっぱいにする」だけだが、問題解決型教育では、教育される側は自らの前に現れる世界を、自らとのかかわりにおいてとらえ、理解する能力を開発させていく。そこでは現実は静的なものではなく、現実は変革の過程にあるもの、ととらえられるのである。(前掲書：一〇七―一〇八頁)

僕の授業では、僕が講義をする、という意味で「偽の知識で『一杯いっぱいにする』」ことはしない。むしろ、学生たちが「脱コード化」していくプロセスを支援する、という感じである。「ゴミ屋敷」やホームレスなど、社会的に排除される存在に関する「コード化」された番組を見ながら、「自らの前に現れる世界を、自らとのかかわりにおいてとらえ、理解する」営みに学生を誘う。学生たちはそれまで「現実は静的なもの」であると思っていたが、ホームレスや「ゴミ屋敷」の当事者、認知症のご本人、元ひきこもり当事者など、様々な当事者の語りを見聞きするなかで、「現実は変革の過程にあるもの」と捉え始めるのである。

本来的な意味で運動が立ちあがるためには、実際には、人間が置かれている状況を宿命的なものだとか、乗り越えられないものと見るのではなくて、乗り越えられるだけの単なる制限下での挑戦的状況と見る必要がある。（前掲書：一一二頁）

ホームレスの人を「自己責任だ」「自堕落だ」と決めつけるのは、「人間が置かれている状況を宿命的なものだとか、乗り越えられないものと見る」銀行型教育の視点である。そのような決めつけこそ、「偽の知識」の本質である。一方、映像を通じてであれ、ホームレスのおっちゃんの声に耳を傾けると、彼がどのような事情や背景のなかで、そのような状況に固定化されたのかが見えてくる。生活苦や家族関係の不和、怪我や病気など、本人にはどうしようもない厳しい現実を学生たちが知ると、現実が「宿命的なものだとか、乗り越えられないもの」から、「乗り越えられるだけの単なる制限下での挑戦的状況」へと変わり始める。これは、フレイレが依拠する弁証法的な「正―反―合」の「変革の過程」である。

銀行型教育になれていた学生たちは、社会問題に関しても、〇×式の問題のように一つの「正しい答え」があると思い込んでいる。だが、現実にはその「正しさ」で排除された存在の声を聞く＝「反」のプロセスを通じて、「正」というコード化への批判的思考を始め、自分たちなりの脱コード化としての「合」が始まる。それこそ、「変革の過程」のスタートなのである。

更に言えば、学生たちは授業を通じて、自らの意識せざる固定観念や偏見を「意識化」する、というコード化を行っているのかもしれない。「ホームレスは怠け者だ」「精神病者は入院するしかない」「ぼけたら何もわからなくなる」……。こういった固定観念を、普段学生たちは意識すらせずに、「暗黙の前提」「当然のこと」として受け入れている。だが当事者が語る映像を見たり、他の受講生と話し合うなかで、その無意識下の「暗黙の前提」を「意識化＝コード化」するとともに、その前提は本当に正しいのか、を疑うことを通じて、脱コード化のプロセスに入るのかもしれない。

そして、この学生たちの脱コード化のプロセスは、僕自身にも大きな影響を与える。

問題解決型教育を目指す教師は、生徒の認識活動に応じて、常に自らの認識活動をやり直していく。生徒は単なる従順な知識の容れ物ではなく、教師との対話を通じて、批判的な視座をもつ探求者となる。そしてその教師もまた同様に批判的な視座をもつ探求者となっていく。（前掲書：一〇三―一〇四頁）

毎回、レジュメは用意するが、学生たちのコメントや発言に応じて、授業の展開をどんどん変えていく。彼女ら／彼らの発言を黒板に整理しながら、その内容を深める問いかけをし、時にはグループや隣同士でそのテーマについて話し合ってもらい、更に議論を深める形態にする。すると、受講者の反応が年々良くなっていく。僕自身は講義を通じて「自らの認識活動をやり直」すプロセスに身を投じているのだが、そのなかで、学生たちも講義を通じて「宿命論」を脱して「本来の探求」を展開し、「一人ひとりが本来の人間になる」プロセスに踏み出しているからではないか、と感じている。そしてそのなかで、僕自身も教師の立場や枠組みの「宿命論」を超え、学生の声に反応し、その場での学びを深め、共に「変革の過程」に立ち会おうとする「批判的な視座をもつ探求者」に少しずつ成長していく。この相互変容プロセスにおいて、僕は学生を通じて「自分の置かれている状況を客観的・分析的・批判的に読み解き、その状況を変革可能なものとして捉え、批判的意識へと向かう自らの自律的で継続したプロセス」を実感し、それが相手にも伝わるのだ、ということを実感しつつある。

だが、ここで読者のあなたは一つの問いをもつかもしれない。フレイレやバザーリア、ニィリエは小作人や精神障害者、知的障害者といった「被抑圧者」と向き合ってきた。でも、タケバタが向き合っているのは、二十一世紀の日本で大学に進学できた若者である。あなたの向き合う人は、被抑圧者ではないのではないか。それなのに、フレイレの論理をそのまま使えるのか、と。

内面化された二重性

僕の授業では、学生たちの価値前提を問い直す質問を投げかけるため、反発や異論、違和感が表明されることもしばしばある。「ゴミ屋敷」やホームレス、ひきこもりなど「他人に迷惑をかけるのは問題だ」「支援するなんて、甘やかされているのではないか?」「自己責任で解決すべき問題ではないか」といった意見がしばしば出てくる。こういう自己責任論や「他人に迷惑をかけてはいけない」という論調に、フレイレはこのような問いかけをする。

自分にもたらされた世界観を受け入れることで、すでに受動的になっている人間は、さらに受動的な教育に適応するようになり、世界そのものにも適応するようになる。「銀行型教育」に適応すればするほど、より「教育ある人」と見られるのは、そういう人のほうがこの世界によりよく適応するからに他ならない。この考え方は、実際に抑圧する側の人間のみを利するものになる。人々がみな、今ある世界によく順応していれば、抑圧する側は平穏な日々を送ることができるからだ。人間が今いる世界に疑問を呈するようになればなるほど、抑圧している側は安穏とはしていられない。

(前掲書:九一–九二頁)

「他人に迷惑をかけるな」「甘やかしだ」「自己責任だ」……。これらの価値表明の中に、僕は「自分にもたらされた世界観を受け入れる」という意味での「適応」を見出す。こういう発言をするのは、社会のルールをしっかり守るタイプの学生や、あるいはいわゆる「良い子」タイプの学生など、フレイレの指摘を用いれば、「『銀行型教育』に適応すればするほど、より『教育ある人』と見られる」という暗黙の前提を忠実に守ってきたタイプかもしれない。

だからこそ、僕が講義を通じて「今いる世界に疑問を呈するようになればなるほど」、その「世界」にしっかり「適応」している人は、「安穏とはしていられない」状態になる。ゆえに、疑問や反発という形で僕に違和感を表明する。僕はその違和感の表明を、以前は「僕への批判」と受け止めていた。だがフレイレに導かれてみると、この批判の真の矛先は僕ではない。抑圧する側に「銀行型教育」を通じて過剰な自己同一化という「適応」をしているがゆえに、学生たちは「安穏とはしていられない」のである。ということは、本来違和感を抱くべきなのは、僕にではなく、自分が何に「適応」しているのか、のはずだ。自分が受け入れている「世界観」そのものへの問いが、本来ならば必要となるのだ。

自らのうちに「内面化された」二重性に苦しむ。自由でないことに。本来の自分ではないことに。自由になりたい、しかし、自由になることは恐ろしい。自分は自分であると同時に、抑圧者という意識が自らのうちにある。だから、その闘いは、引き裂かれた自分自身、つまり自らの二重性との闘いである。自らの「内なる」抑圧者を追い出すことができるかどうかの闘いである。……これが抑圧される者の悲劇的なジレンマであり、私たちのいう教育学が向き合わなければならないことである。（前掲書：三一—三二頁）

「自らの『内なる』抑圧者」。これは、「他人に迷惑をかけている人」「自己責任を果たせていないと思われる人」「甘やかされているように見える人」に出会ったときに、「安穏とはしていられない」がゆえに、感情的に反発をする際に、垣間見えるものではないか。本来なら、「迷惑をかける」「責任を他者に委ねる」「甘やかされる」ことも含めた「自由」を一人ひとりがもっていたい。それができないのは「自由ではない」。しかし、この社会の規範という「自分にもたらされた世界」の中では、「自己責任」や「他人に迷惑をかけるな」は、強い拘束力をもっている。その世界観に適応すればするほど、「自由になりたい、しかし、自由になることは恐ろしい」という「自らのうちに『内面化された』二重性に苦しむ」ことになる。だからこそ、僕に違和感を表明する形で、必死になって適応世界を守ろうとする。

だがフレイレは、この適応は、「実際に抑圧する側の人間のみを利するものになる」と喝破する。実際のところ、抑圧社会に過剰適応する「抑圧される者の悲劇的なジレンマ」なのである。だからこそ、「引き裂かれた自分自身、つまり自らの二重性との闘い」が必要になる。過剰適応という形で、「自らの『内なる』抑圧者」に支配されている現実をみつめることができるか。その「『内面化された』二重性」を「意識化」することができるか、が、障害者や小作人にだけではなく、学生や僕自身にも問われているのである。その意味では、学生に僕が教える、というより、僕と学生が、お互いの「悲劇的なジレンマ」に相互に気付き合うことができるか、が鍵となる。

教え方を教わる

教育は認識をつくり上げる場であるが、認識対象は一人に認知されて終わるのではなく、複数の認識主体による認識行為を相互に媒介する。一方に教育する者、もう片方に教育される者がおり、認識は両者双方の行為を通じてつくられていく。問題解決型教育はだからこそ教育する者とされる者の間の矛盾を越えていくことが求められているのである。対話があってこそいくつかの認識の主体が同じ認識対象をめぐって認識を広げていくことが可能なのであり、そのためには教育する者とされる者の間の矛盾を越えていくことが強調される必要がある。（前掲書：一〇〇頁）

フレイレを手がかりにしながら学生と共に、「今いる世界に疑問を呈する」旅に出るようになると、僕自身が、「自らのうちに『内面化された』二重性」に気付き始めた。学生の「意識化」を授業で手助けしながら、それと同時に自分自身の「意識化」が学生との対話の中から生み出されていった。これは、「複数の認識主体による認識行為を相互に媒介する」なかで、僕自身の「認識をつくり上げる場」でもあった、と言えるだろう。「人々の無知を〝空の箱〟にたとえ、その〝箱〟を指導者の知識が満たす」銀行型アプローチを手放すことは、僕自身の講義スタイルそのものに、大きな変更を求めることとなる。「彼ら自身が現実社会を分析し、発見し、行動していくための課題を提起し、その過程を支援する」という意味で、ある時期から「教師」ではなく「ファシリテーター」を意識するようになった。

僕自身の立ち位置が変化すると、「複数の認識主体による認識行為を相互に媒介する」場面も増えてくる。リストカットとひきこもりの違いについて、授業で取り上げたときのこと。ある学生は、リストカットする人は精神疾患という病気だから支援の対象で、ひきこもりは病気ではないから甘えで

「自己責任」だ、と述べた。他の学生にマイクを向けると、「病気とひきこもりは連続体だ」「そうやって二つを分けて線引きすること自体が、主観的な線引きではないか」といった意見が出てくる。こちらは更に、「その線引きは誰のため？　何のため？」と水を向けると、「排除する側が、秩序を保つため」という意見が出された。すると「自己責任論」を主張した学生は、「秩序が維持されないと、世の中がコントロールできないではないですか！」と発言する。僕はそれを受けて、「確かにそれはそうなんだけれど、『秩序が維持されなければならない、だから線引きは必要だ』というのを、なぜ僕たちは『暗黙の前提』として疑わないのだろうか？」と尋ねると、学生たちは深く考え込んでいたようだ。

上記のプロセスは、学生たちが受動的に受け入れている世界観を問い直す営みだが、教員の僕がそれを「銀行型教育」で伝えても、学生たちには一方的な洗脳や価値観の押し付けのように思われ、受け入れてもらえない。事実、そうやって感情的反発を招いた時期もあった。だが、最近では対話を通じて、お互いの認識を共有し、そのプロセスを通じて「いくつかの認識の主体が同じ認識対象をめぐって認識を広げていくことが可能」になってくると、学生たちが自発的に納得して学び合うプロセスが生み出され始めた。学生自らが「分析し、発見し、行動していく」主体になるのを支援するように、僕自身が少しずつ教え方を教わっていくプロセスだったのかもしれない。

歴史的な存在であり、必然的に探求の活動を他者と共に行う人間が、自らの運動の主体になることを妨げられること、それは一つの暴力といえる。だからこそ、いずれの状況でも、ある者が他の者に対して探求の主体として存在することを禁じれば、それは暴力として始動する。この禁止においてどのような手段を使うかということは関係がない。人間を客体化し、自己決定を疎外し、その決定権を他の人や他の人々に移すということ、それが暴力として始動する、といっているのである。(前掲書：一一三頁)

そう、問題解決型教育とは、「探求の活動を他者と共に行う人間が、自らの運動の主体になること」を目指している。一方、銀行型教育とは、「空の箱を満たす」という比喩に象徴されるように、「ある者が他の者に対して探求の主体として存在することを禁じ」ている、一つの「暴力」なのである。その「暴力」は、「人間を客体化し、自己決定を疎外し、その決定権を他の人や他の人々に移すということ」という形で機能する。それが「適応」という形で正当化されているならば、実はこの暴力的な正当化のプロセスそのものを問い直すやり方は、既存の教育システムでは教わることはない。僕自身は、それをフレイレの概念で知り、実際に学生との対話を通じて学んでいった。つまり、僕自身も「教え方を教わる」なかで、銀行型教育という疎外の形式を意識化し、教員としての主体性を取り戻すプロセスを経験していたのかもしれない。

福祉・医療・教育の「人間化」

実際に起こっていることを、固定されたものとしてとらえるのではなく、プロセスととらえ、常に生成されていくものとしてとらえるということでもある。自らを常に動的な状態に置き、危険はあっても恐れることはなく、今この時に「浸る」ということである。（前掲書：一二九頁）

フレイレの批判的思考についてのこの整理を読みながら、僕自身が大学という現場でささやかながら試みてきたのも、この批判的思考の実践である、と感じている。そして、ニィリエやフレイレが障害者福祉や精神医療を変えることができたのも、ひとえにこの批判的思考のもち主だったから、と思えてならない。

バザーリアの仕事において、薬を服用することそのものが、批判的意識化の瞬間になる。たとえば、ある家族が患者を鎮静させる薬を求めたとき、その要求の背後にあることや、その処方の結果どうなる可能性があるか、他のやり方はどんなものがあるか、について議論をする機会となるのだ。(Scheper-Hughes and Lovell eds., 1987:13)

「病気」だから「薬を服用する」。これは「実際に起こっていることを、固定されたものとしてとらえる」視点である。リストカットは精神疾患という「病気」だから、「薬を服用する」という治療が必要だ、という視点である。だが、現実にはリストカットをする人々は、薬を服薬するだけでさっとその衝動が収まることはない。リストカット経験者たちが語るのは、薬だけでは何ともならない、人間的課題である。同じように、暴れたり衝動がコントロールできない状態にある人を指して、それを「患者の病気」と固定しても、本質は見えない。「プロセスととらえ、常に生成されていくものとしてとらえるということ」とは、そのような鎮静が必要とされる状態がなぜ生じたのか、という「要求の背後」を分析し、他のやり方はないかを批判的に問い続ける、そんな「動的な状態」を維持することである。これまでの「やり方」に固執せず、いま・ここ（here and now）を大切して、その状況そのものを問い直す、という思考だ。そして、それはニィリエの視座ともつながる。

入所施設の大きな廃墟のような床に座り込んで体を単調に前後に揺すっていた人々、ずっと奥深い薄暗い部屋の隅にひっそりと体を潜めていた人々、部屋の壁に一定のリズムで傷だらけの頭を打ち付けていた人々は、自分のアイデンティティを自分の置かれた永遠の現実のなかでどう受け止めていたのだろう？　または、人を苛める人のアイデンティティはどういうものなのだろう？　人間としての尊厳というものが消滅したのだ。（ニィリエ、二〇〇八：一二五頁）

「床に座り込んで体を単調に前後に揺すっていた人々、ずっと奥深い薄暗い部屋の隅にひっそりと体を潜めていた人々、部屋の壁に一定のリズムで傷だらけの頭を打ち付けていた人々」のことを指して、「無為自閉」とか、「ＩＱ測定不能」とか、「重度の知的障害で意思決定能力がない」などとラベルが貼られる。これは「現実に起こっていることを、固定されたものとしてとらえる」思考そのものである。銀行型教育のやり方に不適応な存在だから、教育不能だとラベルを貼られる。だが、ニィリエは数限りない入所施設を訪問し、そのような人々と出会うなかで、「自分のアイデンティティを自分の置かれた永遠の現実のなかでどう受け止めていたのだろう?」と問いかける。その人の置かれている「今この時に『浸る』」ことで、ご本人の内在的論理を摑もうとする。その中から、「人間としての尊厳というものが消滅した」ということに気付き、それを許す入所施設というシステムそのものへの怒りを「ノーマライゼーションの原理」に昇華させた。バザーリアも、「病気」とラベルを貼り、精神病院に入れることを当然視していた当時の常識そのものを「批判的意識化」のプロセスとして捉え直し、「自らを常に動的な状態に置き、危険はあっても恐れることはなく、今この時に『浸る』」なかで、精神病院を廃止する法律制定へと向かっていった[22]。

つまり、この三人に共通するのは、批判的な意識化であり、そこから対話を通じて実践を変えていく、という姿勢であった。フレイレの新訳本の訳者、三砂ちづるはあとがきの中で「『ヒューマニゼーション』とは自らの内なる権威主義と闘いながら、システムとしての権威主義と対峙することである」(フレイレ、二〇一一：三一七頁)と述べている。この「内なる権威主義と闘いながら、システムとしての権威主義と対峙する」姿勢こそ、フレイレ、バザーリア、ニィリエに共通した視座であった。このような「内面化された二重性」を「意識化」することでこそ、それまで問われることのなかった暗黙の前提を問い直すことができたのである。

間奏曲③　守衛隊長とのやりとり

フレイレは一九六四年、当時のブラジル軍事政権に逮捕され、七〇日間投獄された。彼の識字教育の方法が軍に破壊的と見なされたためであった。その投獄中、監獄の守衛隊長に、こう要請される（ガドッチ、一九九三：七九頁）。

「先生、あなたの方法をわたしたちの隊の新兵教育に応用しませんか。新兵の中には読み書きのできないものがたくさんいます。ここにいる間に、あなたが国にご奉公できる仕事ですよ。」

識字教育を、素朴に「国にご奉公できる仕事」だと見なした守衛隊長。彼にとって「読み書き」能力とは、より効率的に軍隊を統率する一手段に過ぎなかった。また、容疑者に「先生」と呼びかけることからも、知識人を尊敬する「銀行型教育」信奉者にも見える。つまり、この守衛隊長は「読み書き」ができても、フレイレの意図を全く読めていなかった。一方で、少な

くとも軍事政権の幹部は、フレイレの識字教育の方法は体制に無批判に従う状態を疑う力を育てることを促しており、それゆえ軍にとっては破壊的だと考え、フレイレを逮捕した。その意味では、軍事政権は皮肉にもフレイレを正当に評価していた、と言える。そこで彼は、守衛隊長にこう教えることも忘れなかった。

「しかし隊長、わたしはまさにその方法のためにここにいるのですよ。」

第十章　自由こそ治療だ

二〇一七年十月、待望の翻訳本が刊行された。『バザーリア講演録　自由こそ治療だ！』（岩波書店）である。フランコ・バザーリアが晩年に行った連続講演として評判の高かった『ブラジル講演』が翻訳されたのだ。やっとバザーリアの肉声がまとまった日本語として読めるチャンスがやってきた。そこでこの章では、バザーリアの肉声に基づきながら、改めてフレイレやニィリエの思想と交錯させた上で、「当たり前をひっくり返す」とは何か、を整理しておきたい。

関係性に着目する

バザーリアは、病を単体として考えることはなかった。

狂気とすべての病は、私たちの身体がもつ矛盾の表出です。身体といいましたが、それは器質的な肉体と社会的な身体のことです。病とはある社会的な脈絡のなかで生じる矛盾のことですが、それは単なる社会的な産物ではありません。そうではなくて、私たちを形作っている生物学的なもの社会的なもの心理的なものといった、あらゆるレベルの構成要素の相互作用の産物でもあるのです。（略）たとえば癌は歴史的・社会的な産物です。なぜなら癌は、この環境において、この社会のなかで、この歴史的な瞬間に生み出されていて、また生態学的な変化の産物でもあり、つまりは矛盾の産物だからです。（バザーリア、二〇一七：一〇八頁）

癌を「器質的」な存在と捉え、その癌を除去することを目指す。これはごく普通の医学のありようである。しかし、癌も糖尿病も脳卒中も精神病も、「ある社会的な脈絡のなかで生じる矛盾」である。他ならぬ私において、ある「歴史的な瞬間」に生み出される。それはもちろん「生物学的」な変化なのだが、ストレスや睡眠時間、食生活や対人関係といった「生態学的な変化の産物」でもある。そのような意味で、「あらゆるレベルの構成要素の相互作用」から生じる「矛盾の産物」である。これを、狭い意味での原因―結果という因果論で焦点化した場合、「生物学的」な説明はできても、他ならぬ「いま・ここ」の私にそのような「相互作用の産物」として出現した「矛盾」の全体像を示すことにはならない。「生物学的」な説明とは、「あらゆるレベルの構成要素の相互作用」を、「器質的な肉体」の一部位の変化や問題へと縮減して、一側面を説明しているだけである。それはあたかも「タケバタヒロシは大学教員である」と説明したところで、「竹端寛」の性格や志向性、家族関係や最近の体調を説明したことにはならない、というのと同じである。

だが、私たちは「精神病」、「認知症」というラベルを見聞きすると、何となく「ああ、そうなんですね」と「わかったつもり」になる。記憶障害や今までと違う言動、気分の落ち込みや不規則な睡眠など、これまでとの違いに当惑する家族は、そこに病気のラベルが貼られることで、「この普通ではない状態は、『病気』なんだ」とわかり、ある意味、安心する。だが、これまで見てきたとおり、「精神病」「認知症」というラベルを貼ったところで、それは「生物学的」「医学的」な名付けに過ぎない。「大学教員」というラベルを貼っても、僕が毎日何時間睡眠をとるとか、家族とどういう関係性を営んでいるとかわからないのと、論理的構造としては同じである。

だが、「認知症」や「精神病」というラベルは、呪縛力がキツイ。「あの人は認知症（精神病）の人だ」とラベルが貼られ、ひとたびそう認識されると、その人の全ての発言や行動は「認知症（精神病）だから」と、「わかったつもり」で理解されてしまう。特に、暴力や暴言、徘徊や他者への「迷惑行為」など、「社会的に問題がある」とされる言動をした場合、「精神病（認知症）だから」と、理解され、その行為を注意しても収まらない場合は、「縛る（拘束）・閉じ込める（隔離）・薬漬けにする（薬物拘束）」という対応がなされる。そしてそれが「自傷他害の防止のため」という「医学的」理由で正当化されてしまう。これが、二十一世紀の日本の現実でもある。

一方、バザーリアは、病気のラベルを貼って「わかったふり」をすることはなかった。

眠れないと訴える患者に対する私なりの対応は、その理由を当人と一緒に探すことです。そして、症状としてではなく、本人を取り巻く全体的な状況や実存の現れとして、不眠症を理解する方法を

見出すことです。(前掲書：一八九頁)

「眠れないなら、睡眠導入剤を処方しよう」。これは今日の日本の診察室で、当たり前にやりとりされる会話でもある。だが、それは「不眠症」という結果＝「矛盾の産物」の背景を理解することなく、睡眠導入剤により、その結果を物理的(時には暴力的)に消し去ろうとする営みである。一方、バザーリアが述べているのは、「不眠」を「形作っている生物学的なもの社会的なもの心理的なものといった、あらゆるレベルの構成要素の相互作用」を理解しようとする姿勢である。だからこそ、「その理由を当人と一緒に探す」必要がある。そして、そのような「本人を取り巻く全体的な状況や実存の現れ」を共に探求することは、従来の「症状」のみに着目する医師の在り方と、全く別の有り様でもある。

「生産」を問い直す

病気の予防あるいは健康の維持というのは、早期診断を行うことではなく、病気の原因になっている状況を労働の場や生活環境のなかで点検することを意味しています。労働環境というのは、病気を生み出さないようにはなっていないので、こうした点検を実践するなら、医師は行動の人となり、工場のなかで奮闘することになります。より良い環境を取り戻し、日常生活を送り、そして何とか生き延びていくために、医師は、患者に機械的に薬を与えるのではなく、患者の労働環境がど

うなっているのかということを、医療従事者たちと議論するようになるのです。（前掲書：二二五頁）

一般的に「病気の予防あるいは健康の維持」のために医師ができることと言えば、「早期診断」が思い浮かびやすい。だが、バザーリアはそれよりも「病気の原因になっている状況を労働の場や生活環境の中で点検すること」を重視する。「早期診断」をした上で、「機械的に薬を与える」ことよりも、「患者の労働環境がどうなっているのかということを、医療従事者たちと議論する」ことのほうが、患者が「より良い環境を取り戻し、日常生活を送り、そして何とか生き延びていくために」必要不可欠なことである、と気付いていたからである。すると、本人が病気に陥るような「労働環境」そのものへの問いも、必然的に生まれてくる。

「貧しき狂人たち」の監禁は、生産性に根ざした社会において、彼らが生産的でなかったことの帰結だということでした。また彼らが病気のままでいるとしたら、それも同じ理由によるものでした。こうした社会組織にとって、彼らは非生産的で役立たずだったのです。（前掲書：七〇頁）

「生産性」の向上が大前提にされる社会においては、「非生産的で役立たず」な存在は排除の対象になる。日本では第二次世界大戦後の高度経済成長期に精神病院や障害者の入所施設が激増するが、「経済成長」＝「生産性」を最大限に重視する社会においては、その「生産性」の尺度に合わない人を合理的に排除する装置として、入所施設や精神病院が機能したことをも意味する。その文脈を前提に置くと、次の文章の内在的論理も見えてくる。

生産離脱による損失については精神障害者中、精神病者の八割及び精神薄弱者の高度の者、即ち白痴、痴愚にあたる者は生産離脱者と考えられ、これらの者の保護にあたる家族の生産離脱を加えるならば、精神障害者のために社会は年々一〇〇〇億を下らない額の生産を疎外されていると予測される（厚生省公衆衛生局、一九五一：一一頁）

一九五一（昭和二十六）年の段階で、当時の厚生省は「精神病者」や「精神薄弱者」を「生産離脱者」と名付けていた。そのケアにあたる家族の「生産」も「疎外されている」とした。そのために、精神病院や入所施設を造る「対策」を検討しようと躍起になった。だが、そこでは、そもそもある人を「生産性」の尺度で切り分け、その偏差が著しい人に「生産離脱者」とラベルを貼ること、そのこと自体の恣意性や問題性は、全く取り上げられない。この生産性至上主義の考え方が「病気の原因になっている状況」でもあるのに、その価値前提を問うことはないのである。だが、バザーリアは、この「生産性」そのものにも、踏み込んだ分析を加える。

医師や精神科医が実際に病人に施す治療は、疎外という意味をもたざるをえません。医療の唯一の目的が、初めは労働者として、次に病人という商品として、生産の歯車の中に病人を復帰させることであるかぎり、そうなるのです。このような治療は、人が主体的に自己表現するのを明らかに妨げています。こうして医師と病人の関係性は支配関係や権力関係になるのであり、この矛盾から抜け出すのは困難です。（バザーリア、二〇一七：一三三―一三四頁）

医師の仕事は、病気を治療することである。この前提はバザーリアも共有している。だが、治療後に「生産の歯車の中に病人を復帰させること」が目的になっている場合、その目的そのものを問い直す必要が出てくる。なぜならば、狂気という形で「人が主体的に自己表現する」のを医療によって抑圧し、主体性や自己表現を制限して「生産の歯車の中」に収まる形に整えることを治療と名付けているからである。それは、「支配関係や権力関係」の行使であり、そのような治療は「疎外という意味をもたざるをえません」という帰結になる。それは、狂気そのものを問い直すことでもある。

狂気と理性

狂気は人間の条件の一つです。私たちのなかには狂気が存在しています。理性が存在するのと同じように、狂気も存在しています。文明社会というためには、社会が理性と同じく狂気も受け容れなければならないのです。ところがこの社会は、狂気を理性の一部として受け容れます。したがってこの社会は狂気を排除する役割を果たす科学の力で、狂気を理性に変えようとします。マニコミオは非理性的なものを理性的なものに変えるという行為において、それ自体の理性を維持していま す。ある人が気が狂ってマニコミオに入れられると、狂人ではなく病人とみなされるようになりま す。病人として理性的な存在になるのです。問題はこうした結びつきをいかにして破壊するのか、「施設化された狂気」をいかにして乗り越えるのか、そして狂気が生み出される場所、つまり生活のなかでいかにして狂気を認識するのかということなのです。(前掲書:五四頁)

バザーリアは「理性が存在するのと同じように、狂気も存在しています」と言う。ただ、「この社会は、狂気を理性の一部として受け容れます」と言うとき、「主体的に自己表現」された「狂気」は「理性」とは違う、という前提をバザーリアはもっている。そして、「社会が理性と同じく狂気も受け容れなければならない」と言うとき、理性と同じように、狂気を狂気として受け容れる必要がある、と彼は指摘している。だが一方で、マニコミオ(=精神病院)は、狂気を狂気として受け容れる場ではない、ともバザーリアは見抜いていた。「マニコミオは非理性的なものを理性的なものに変えるという行為において、それ自体の理性を維持しています」とは一体どういうことか。それは、マニコミオ自体には、「狂気を排除する役割を果たす科学の力」が働いており、マニコミオの目的として「非理性的なものを理性的なものに変える」役割があると彼は指摘している。

つまり、「ある人が気が狂ってマニコミオに入れられると、狂人ではなく病人とみなされるようになる」るということは、非理性的存在として「主体的に自己表現」している「狂人」から、理性の範囲内で「主体性」や「自己表現」が剝奪された「病人」へと変化（矮小化）されてしまう、ということである。それこそが、「施設化された狂気」の最大の問題なのである。更に、彼は「狂気が生み出される場所」である「生活のなか」から安易に狂気を排除せず、その日常世界で「いかにして狂気を認識するのか」こそが重要だ、とまで言い切っている。

ここでもう一つ、バザーリアの言葉を引用しておこう。

狂気とはある状況の表出であり、狂気となる条件の表出です。そこで私たちが教えられたのは、病状に意味を与えるために病を知る必要があるということです。つまり、ある一つの要素を全体像のなかに位置づけなければならないということです。医師と市民の関係性、そして医師と患者の関係性を変えるために、私たちはこれと同じような教育的姿勢を持たなければならないのです。（前掲書：一〇七頁）

僕自身がバザーリアの言葉がちゃんと理解できるようになり始めたのは、「狂気が生み出される場所、つまり生活のなかでいかにして狂気を認識するのか」を考えるようになってからである。きっかけは、「ゴミ屋敷」だった。家の中だけでなく、庭や道路にまでたくさんのゴミを溜め、周囲との関係性でトラブルを生じているような家を指して、「ゴミ屋敷」とラベルが貼られる。その「ゴミ屋敷」の主がゴミを溜めざるを得ない内在的論理は何だろう、と論文を書きながら考えているうちに、「狂気とはある状況の表出であり、狂気となる条件の表出です」ということとの意味を理解し始めた（竹端：二〇一五）。

授業で「ゴミ屋敷」について取り上げ、学生に「なぜこの人たちはゴミを溜めるのだろうか？」と訊ねると、必ず「ゴミが好きだから」と答える人がいる。そこで、「あなたは好きですか？」と更に訊ねると、「私は嫌いだけれど」という答えが返ってくる。そこで「なぜ君が嫌いなものを溜めているのかな？」と聞くと、たいがいの場合、返答に困るか、「人それぞれだから」と言葉を濁す。

確かに、ゴミを溜め込む、というのは「常識」では考えられない。だからこそ、「精神病だから」「認知症だから」という「理性的」なラベルで整理されると、それを安心して受け入れやすい。「あの人は、自分とは違う病気にかかっているから、仕方ないんだ」と。でも、「ある一つの要素を全体像のなかに位置づけなければならない」となると、「病気」「精神病」というラベルで「わかったつもり」にはなれない。「病状に意味を与えるために病を知る必要がある」のなら、その人がゴミを溜めざるを得ない状況になったのは、いつ頃から、どういうきっかけで、どのような変化があってなのか、を分析する必要がある。これは病理学的・生物学的な分析では終わらない。社会的・心理的なものも含めて「あらゆるレベルの構成要素の相互作用の産物」を理解する必要があるのである。そして、例えば「三世帯同居の家を建てたけれど、退職後に妻に離縁され、子どもも寄りつかなくなったから」「以前は綺麗好きだったけど、認知症で掃除がおっくうになり、かつ他人（ヘルパー）にそのことを指摘されたくないから」「同居家族が亡くなった後、天涯孤独になり、年金も少ないので生き延びるために使えるものを備蓄したいから」といった、「ゴミ」を溜めるに至った様々な理由が見えてくる。「狂気となる条件の表出」とは何か、を理解することは、その人と周囲や社会との相互作用の「矛盾」を、その総体として理解することである。これは「行動障害」や「統合失調症」という病名・診断名という「理性」で「わかったつもり」になるのではない。ゴミという「ある一つの要素を全体像のなかに位置づけ」、「狂気」という形で表出されている「ゴミ屋敷」に、どのような歴史的・生態学的構造があるのか、をその総体として理解しようとする試みである。それは、「私は狂っていない医師で、あなたは狂っている病人だ」という二項対立的切り分けを超え、「私もあのような状況ならば、狂いうるかもしれない」と理解することである。そして、その理解があれば、「医師と市民の関係性、そして医師と患者の関係性」は変わり始めるのである。そして、病名や診断名という「理性」の範囲内で理解するのではなく、「非理性的」なものが「主体的に自己表現」しているものは何か、その「狂気」がどのように社会的に構築されてきたか、を「理性」的に「理解」する必要があるのだ。これは、ある種のパラダイムシフトでもある（竹端：二〇一三）。

変えるべきは、誰の何なのか？

私たちが始めるべきなのは、心病む人に向けて、そして心病む人とともに複雑性と相互性の研究を進めることです。病人とのあいだの協働関係と相互関係の研究です。私たちが治療について語れるのはこうした場合だけです。これと反対の場合には、私たちに話せるのは従属と奴隷状態だけに

なってしまいます。（バザーリア、二〇一七：六二頁）

「私は理性的な医師で、あなたは理性が欠けた病人だ」という二項対立的切り分けは、「支配関係や権力関係」に簡単に結びつき、そこでは「従属と奴隷状態」が必然的に生じる。そのような関係性や状態を変えたければ、まずは治療する側が、その二項対立的切り分けを超える必要があるのだ。「私もあのような状況ならば、狂いうるかもしれない」という前提に立つことで、「病人とのあいだの協働関係と相互関係」が生まれる。そのなかで、「あらゆるレベルの構成要素の相互作用の産物」であり「矛盾の表出」でもある「狂気」の「複雑性と相互性の研究を」「心病む人とともに」進めることができるのである。

だが、現実の精神医療の現場では、このような協働関係や相互関係はなかなか構築されにくい。

あらゆる医学的知識の内容は病人を管理し抑圧するためにある、ということを認めなければなりません。病人は主体として治療を受けるのではなく、病人が生産の歯車のなかに戻れるように、治療は行われます。私たちが精神病の問題に向き合うためには、精神医学の知識、精神分析、薬物療法、電気ショック、インスリン療法、脳外科といった、医師たちが利用してきたすべての方法と手段を議論の対象にしなくてはなりません。（前掲書：一三三頁）

繰り返しになるが、バザーリアは狂気が存在しない、と言っているのではない。その意味で、反精神医学ではない。ただ、精神医学の知識や技術といった「医師たちが利用してきたすべての方法と手段」は一体何のためにあるのか、を問い直しているのである。治療は、狂気の状態にある人の「主体性」を快復するためにあるのか、はたまた「病人が生産の歯車のなかに戻れるように」するためなのか？　そして、後者の場合なら、「あらゆる医学的知識の内容は病人を管理し抑圧するためにある」のではないか、と喝破しているのである。このような管理・抑圧的な構えでは、患者との協働関係は生まれようがない。

　では、どのように反転したらよいのか。それが、「心病む人に向けて、そして心病む人とともに複雑性と相互性の研究」を行うこと、つまりは「病人とのあいだの協働関係と相互関係の研究」を進めることである。実際、トリエステに移った後のバザーリアの弟子たちは、病院から出て行った元・患者たちと共に、地域の中で「生産の歯車」とは違った形での「仕事」や「就労」を行う場づくりを展開していった[23]。また「心病む人とともに複雑性と相互性の研究」といえば、日本の北海道・浦河町の「べてるの家」という当事者コミュニティがずっと続けてきた「当事者研究」が、爆発や引きこもり、逃亡癖などの様々な「狂気」の表出に関して、ソーシャルワーカーと当事者が共にその現象の「複雑性と相互性の研究」を続けてきた。バザーリアやイタリア精神医療の本質を日本に伝え続ける大熊一夫は、この「当事者研究」こそ「バザーリア派のいう『狂気との共存』や『狂人の復権』といった現象が日本で最も顕著」に現れている活動であると指摘する（大熊、二〇〇八：二一一頁）。

そして、「病人とのあいだの協働関係と相互関係」を真に生み出そうとするならば、精神病者ではなく、医師や看護師こそ、まずは変わらなければならない、とバザーリアは主張する。

すでに医師となった人は、自分が勤める施設の変革に着手しなければなりません。そして病院内部に存在する社会の抑圧のメカニズムを見つけることが不可欠になります。そうすることによって、利益と権力が患者を抑圧する要因として問題になっていることにも気づき始めるのです。その一方で、看護師は自分自身が暴力による抑圧や虐待の一端を担っている、ということを理解することから始めなければなりません。看護師は病院の院長の手のひらで踊らされているわけですが、医師が患者の抑圧者として看護師を利用するとき、労働者階級は二つに分断されることになります。なぜなら、病人も看護師も同じ階級に属しているからです。（バザーリア、二〇一七：二四七頁）

イタリアでも日本でも、医師は「利益と権力」を握っている。すると、医師に求められるのは、「病院内部に存在する社会の抑圧のメカニズムを見つけること」を通じて、「自分が勤める施設の変革に着手」することである。実際、バザーリアはその医師の「権力」を用いて、病院の開放化（ゴリッツィア）や病院の廃止（トリエステ）にこぎ着けた。ただ、それはバザーリア一人の力で成し遂げたわけではない。イタリアでも日本でも、実際の権力行使の場面では、医師は指示をする人である。その指示を受けて、隔離や拘束を行うのは、看護現場の職員である。

その看護師に向かって、バザーリアは「看護師は自分自身が暴力による抑圧や虐待の一端を担っている、ということを理解することから始めなければなりません」と言う。そして、はっきりと「病人も看護師も同じ階級に属している」「医師が患者の抑圧者として看護師を利用するとき、労働者階級は二つに分断される」と断言する。その同じ「労働者階級」が、「二つに分断される」のか、「病人とのあいだの協働関係と相互関係」を生み出す「同志」となるのか。その分かれ目にあって、「医師が患者の抑圧者として看護師を利用する」構造を変えるために、何が必要なのだろうか。

実践の楽観主義

私たちの科学は、伝統的な専門技術者の敗北という根本的な前提条件から出発しています。そうした専門技術者は、「これ以外にはやりようがない」と考える人であり、「理性の悲観主義」といえるイデオロギーをもっています。新しい専門技術者は、明確な目的をもたなければなりません。つまり「実践の楽観主義」で自分の仕事を進展させるのです。もし、そうでなければ、問題の解決策はありません。これは私の言葉ではなく、偉大な革命家アントニオ・グラムシの言葉です。グラムシは、知識人に対して、熟慮すべきとても重要な根本原理を提示しました。こうした政治科学を根底にして、私たちは新たな科学を打ち立てたいのです。（前掲書：一二三頁）

「これ以外にはやりようがない」。この言葉が専門家のもつ「権力」と結びついたら、恐ろしいほどの現状肯定的なフレーズとなる。入所施設での障害者の隔離も、体制に疑問をもたせない詰め込み型の銀行型教育も、精神病院での隔離や拘束も、すべては「これ以外にはやりようがない」という一言で終わってしまう。だが、それは、バザーリアにとっては「伝統的な専門技術者の敗北という根本的な前提条件」に映った。「できない百の理由」を言う、という時点で、「できない」という「敗北」なのである。そして、そのような「理性の悲観主義」に満足せず、「できる一つの方法論を探す」という意味での「実践の楽観主義」を追求したのが、バザーリアであり、フレイレであり、ニィリエであった。この言葉を述べたグラムシは、「知識人に対して、熟慮すべきとても重要な根本原理を提示」したのだが、本書でその軌跡を辿った三人は、「理性の悲観主義」者ではなく、文字どおり「実践の楽観主義」者であった。そして、彼ら三人はそのような楽観主義に基づいて、別の場所で同じ時期に「新たな科学」を打ち立て始めたのだ。

「銀行型」教育の概念では教育する者は教育される者を偽の知識で「一杯いっぱいにする」だけだが、問題解決型教育では、教育される側は自らの前に現れる世界を、自らとのかかわりにおいてとらえ、理解する能力を開発させていく。そこでは現実は静的なものではなく、現実は変革の過程にあるもの、ととらえられるのである。（フレイレ、二〇一一：一〇八頁）

施設そのものに知的障害をさらに悪化させる状況があり、そこは知的障害者を退化させているところなのだ。大型施設は、あまりにも非人間的な結果をもたらす自己破壊的システムなのだ。経験を求める飢餓感が満足させられることはなく、生活状況の貧困さはそのまま継続し、文化的略奪がつくり出されている。こういったすべての事柄が、私たちの税金を資源として、医師の同意のもとで、社会における政治的組織の決定により行われているのだ。(Nirje, 1992:31)

フレイレにとって「偽の知識で『一杯いっぱいにする』」ことが、ニィリエにとって「あまりにも非人間的な結果をもたらす自己破壊的システム」を温存することが、「これ以外にはやりようがない」という意味において、「理性の悲観主義」であった。一方、フレイレの言うように、「現実は静的なものではなく、現実は変革の過程にあるもの、ととらえられる」ようになると、ニィリエの言う「私たちの税金を資源として、医師の同意のもとで、社会における政治的組織の決定により行われている」「文化的略奪」をそのまま放置しておくことができなくなる。これが、バザーリアの言う「新たな科学を打ち立て」ることであり、「『実践の楽観主義』で自分の仕事を進展させる」ことなのだ。そして、この「実践の楽観主義」を通じてしか、「問題の解決策はありません」と言うのも、三人に共通していた。

客体から主体へ

では、この三人はどのような「楽観主義」に基づく「実践」を組み立てていたのだろうか?

治療を行う医師は、治療を受ける人を治療の主体ではなく客体と見なしています。こうして治療は客体的なものになります。そして治療は、医師による単なる再生産になるのです。ここでは、主体的に表現する可能性が病人に与えられることは決してありません。その意味では、治療は管理の一形態だと思います。というのも、病人の側に主体的な表現がないときには、治療は資本のゲームを客観的に再生産する以外のいかなる結果も生まないからです。（バザーリア、二〇一七：一三二頁）

「治療を受ける人を治療の主体ではなく客体と見な」す。これは患者をモノ化することである。この客体化（＝モノ化）により、治療と管理は密接に結びつき、病人の「主体的な表現」は、「縛る・閉じ込める・薬漬けにする」ことによって抑圧される。すると、「治療は資本のゲームを客観的に再生産する以外のいかなる結果も生まない」状態が継続される。これは、現代日本で未だに精神病床が三〇万人分、入所施設が一〇万人分ある最大の理由である。

この「客体」の問題は、ニィリエもフレイレも気付いていた。

大型施設と、それらの最悪なユニットでは、最低限必要なケアやケアの質というものを提供することは不可能である。大きなユニットでの一日のリズムは、知的障害者を、空虚な機械的環境における一つの物体にまで貶めている。（ニィリエ、二〇〇八：一二一－一二二頁）

被抑圧者は人間として闘うのであって、「モノ」として闘うのではないことはいうまでもない。それというのも、抑圧者との関係のうちで、被抑圧者はほとんど「モノ」の状態に貶められ、自らを破壊してきたからだ。自らを再確認するためには、このほとんど「モノ」扱いされてきた状態を超えていかねばならない。（フレイレ、二〇一一：七二―七三頁）

強度行動障害とラベルの貼られた人がいる。そういう人は、頭を壁に打ち付け、破壊的な行動をするから、という理由で、入所施設の「重度棟」という名の閉鎖棟に収容されている場合がしばしばある。だが、そのような環境では「空虚な機械的環境における一つの物体にまで貶めている」ので、本人はイライラする。よって、さらに破壊的な行為を行う。ゆえに、縛ったり閉じ込めたり、の悪循環に陥る……。このようなことは、本人だけの問題ではない。「自らを破壊してきた」背景には、「抑圧者との関係のうちで、被抑圧者はほとんど『モノ』の状態に貶められ」た、という客体化の問題がある。その際、「治療」や「管理」ではなく、暴力や問題行動という形での「主体的な表現」を理解し、支援することが必要になる。それは、「『モノ』扱いされてきた状態を超え」ることでもある。それは、一体どうしたらよいのだろうか。

マニコミオを開放すれば、私たちの専門職は危機に直面します。なぜなら私たちの実践的な活動を批判する可能性と条件を、病人たちに与えることになります。（略）マニコミオを開放すれば、そこに留まるにしろ出て行くにしろ、本人が望み通りにできる権利を持てるようになります。ですから、「いつになったら家に帰れるのでしょうか」と病人が聞けば、医師はその人と話し合いを始めざるをえません。こうした対話の中では、客体と主体という関係はなくなり、二人の人間がともに主体となります。二人の人間の関係性における、こうした矛盾の論理を私たち医師が受け容れられないのなら、医師であることを辞めて、別のことをすべきだと思います。（バザーリア、二〇一七：一六〇―一六二頁）

「客体と主体という関係はなくなり、二人の人間がともに主体」になるためには、「対話」が必要になる。それは、抑圧者と被抑圧者という非対称な関係では始まらない。本人の望むことについて、患者と医師が、障害者と支援者が、共に考え合う、ということである。そのような「二人の人間の関係性」を生じさせるためには、専門職の側が「危機に直面」するのを避けては通れない。「いつになったら家に帰れるのでしょうか」という問いには、帰りたい本人の思いや、それを拒否する家族、あるいは収入や仕事のなさ、などの様々な「矛盾の論理」が渦巻いている。その「矛盾の論理」に、病気（障害）だから、「しかたない」と蓋をしていても、何も始まらない。大切なのは、その時に、対話を紡ぎ出すことができるかどうか、が何よりも専門職の側に問われているのである。

ここでこそ、先に述べた「理性の悲観主義」と「実践の楽観主義」が重要な分岐路になる。「被抑圧者」「知的障害者」「狂人」を、理性という尺度でのみ評価するならば、「読み書きができない」「判断能力の乏しい」「理性的な発言ができない」劣った人、となる。そうすると、その人々の「できない部分」をたくさんあげつらい、「〇〇ができないから、支配や管理の対象になっても仕方ない」という「理性の悲観主義」に覆われてしまう。だが、バザーリアやニィリエ、フレイレは、その時にこそ、「実践の楽観主義」に立った。理性での評価よりも、「いつになったら家に帰れるのでしょうか」という「主体的な表現」こそを重視した。その発言を、「モノ」として扱わず、相手を一人の尊厳ある個人として受け止め、「二人の人間の関係性」において受け止めた。そして、「私たちの実践的な活動を批判する可能性と条件を、病人たちに与える」ことにより、「客体と主体という関係はなくなり、二人の人間がともに主体とな」ったのである。

つまり、「実践の楽観主義」とは、「被抑圧者」「知的障害者」「狂人」を理性的価値観で評価・糾弾するのではなく、非理性的であっても一人の人間という「主体」として受け止め、二人の関係性を育む対話を続けるなかで、「本人が望み通りにできる権利」を実現する道を「楽観主義」に基づき模索し、実践することである、とまとめることもできるだろう。

では、日本でそれを実現するにはどうしたらよいだろうか?

半世紀たっても変わらないこと

二〇一八年一月十一日のNHK『クローズアップ現代+』という番組では、「認知症でしばられる⁉～急増・病院での身体拘束～」という内容が取り上げられた。精神科医の上野秀樹氏と共にゲスト出演した僕は、患者の意思に反する身体拘束は「悪循環」であり、病棟の人手不足を解消して身体拘束を減らすには病床の大幅削減が必要不可欠だ、と提起した[24]。

その番組の放映中から、番組や僕たちへの批判が、ツイッター上では渦巻いて、「炎上」状態だったようだ。その一部の発言を取り上げてみたい。

「身体拘束に限らず医療現場のやり方に納得いかない人は自分で看ればいいんだよ。自宅療養が困難だからって入院させておいて自分たちは悠々と暮らしていて現場に文句ばかり言うのもどうかと。」

「身体拘束＝絶対悪っていう風に報道されるとこっちが殴られても、蹴られても目の前で転倒して頭打って意識レベル低下したとしても何もしないようにってなっちゃう。転倒した時の責任は誰が取るの？」

「身体拘束はこっちもやりたくてやってるんじゃないよ。日々患者に向き合うとか……それなら人員増やすかクレーマーを退院させてくれ。減らす必要があるけど、自分の身も守らせてくれ。」

率直に言って、こういう批判が来ることは「想定内」ではあったが、ツイッター上で溢れかえるこのような発言を読んでいて、正直げんなりした。そして、なぜこのような発言が「想定内」なのか、を考えてみると、四五年前のある本の記述を思い出す。

私に対する非難は、次の四点に要約できるだろう。〈一部の悪徳病院を誇大に取り上げた罪〉〈一生懸命やっている人をがっかりさせた罪〉〈暴露に終始した罪〉〈政治が悪いからだ、といわない罪〉（大熊、一九七三：八二頁）

大熊一夫が朝日新聞夕刊に「ルポ・精神病棟」を連載したのは一九七〇年二月。その連載が始まるやいなや、朝日新聞社の電話は鳴り続け、当初の電話や手紙だけでも軽く千件を超えたという。まさに今なら文字どおりの「炎上」状態である。今回改めて彼に対する非難を読み返しながら、半世紀近くたってもこの部分はほとんど変わっていないことに、改めて愕然としてしまった。

「身体拘束はこっちもやりたくてやってるんじゃないよ」とか、「現場に文句ばかり言うのもどうかと」という僕（たち）への批判は、〈一生懸命やっている人をがっかりさせた罪〉〈暴露に終始した罪〉と重なる。現場は大変な思いをしながら「一生懸命」やっているのに、そのことをポジティブに評価せずに、「暴露に終始」するとは何事か、という批判である。そして、そのような「批判」への大熊の反論を読んでいて、「僕の言いたいことも四五年前に書かれている！」と得心してしまった。

このようなお粗末な医療しかできない日本の制度に問題があることは、論をまたない。しかし、その制度のもとで、「良心がマヒしている」という自覚がないことが、問題をもっと深刻にしている。

「一部の悪徳病院……」ではすまない状況が確かにある。だれの目にも悪徳と映る病院はもちろんのことだが、「現状ではこの程度しかできないのだ」と妙に割り切って、被害者然としている医療従事者にも、私は多くの問題を感じる。（前掲書：九六－九七頁）

そうなのだ。半世紀前も今も、「お粗末な医療」が続いているし、それは人員配置基準の低さといった「日本の制度に問題がある」のは、そのとおりである。これは僕もずっと批判し続けてきた（竹端、二〇一六）。だが、「一生懸命やっている人をがっかりさせた」からといって、ツイッターの匿名性を利用して「身体拘束に限らず医療現場のやり方に納得いかない人は自分で看ればいいんだよ」と言い放つツイートを前にすると、「『良心がマヒしている』という自覚がない」と思わざるを得ない。大熊が言うように、「『現状ではこの程度しかできないのだ』と妙に割り切って、被害者然としている医療従事者」に僕自身も「多くの問題を感じる」のだ。

そして、この「半世紀たっても変わらないこと」を変えるためにこそ、僕自身は本書を書き続けてきたのだ、と再認識している。バザーリアやニィリエ、フレイレが果たしてきた仕事とは、社会を変えるための「認識枠組みの変化」なのだから。

自由こそ治療だ！

不可能だと思われていたことも可能になるということを、今では人々が知っているということが

大事なのです。（バザーリア、二〇一七：五頁）

バザーリアとニィリエ、フレイレの三人は、文字どおり、不可能を可能にしてみせた。強制こそが治療だ、と思われていた時代に、バザーリアは「自由こそ治療だ！」を標榜し、精神病院の開放化から、精神病院なしの地域精神医療システム構築にまで突き進んだ。知的障害者は入所施設に入るしかない、と思われていた時代に、ニィリエは「それはアブノーマルである！」と喝破し、障害があっても地域で暮らし続けられるよう、社会環境こそ変わるべきである、という考えを「ノーマライゼーションの原理」としてまとめ、スウェーデンが二〇〇三年までに入所施設を全廃するきっかけをつくった。被抑圧者は搾取されることが当然とされた時代に、フレイレは「銀行型教育こそ抑圧をつくり出す元凶だ」と気付き、それに変わる問題解決型教育を実践するなかで、被抑圧者を解放へと導いていった。

この三人の思想に共通するのは、不可能を可能にするための、「認識枠組みの変化」である。それが、本書のタイトルにつけた「『当たり前』をひっくり返す」に込めた意味である。常識をひっくり返すためには、制度を批判するだけではダメである。制度や組織という「他者」を問い直す前に、まず自らの実践を問い直せるか、が問われている。「『現状ではこの程度しかできないのだ』と妙に割り切って、被害者然としている」ようでは、医療や福祉、教育のプロとは言えない。自らの現場で、どのような構造が問題になっているかを見抜き、不可能を可能にするための、できる一つの方法論を模索する。それが「実践の楽観主義」に込められたメッセージである。そして、「一生懸命やっている人をがっかりさせた罪」を糾弾する暇があるくらいなら、明日から現場で実現可能な方法論を考えたほうが、遥かに有意義で価値のある営みである。

私たちが生活しているのは、様々な法規をそなえた資本主義国家です。国家に成立を認めさせたあらゆる法律は、民衆たちが実際の闘いを通じて勝ち取ったものです。私たちが、社会主義に基づいた法律をもてるとは考えられません。私たちが手にするのは、多かれ少なかれ改良主義的な改革です。それを積み重ねることにより、国家の論理を変えていく、とりわけ人々の文化の論理を変えていくということです。（前掲書：二三七頁）

バザーリアのこの言葉は、フレイレやニィリエの実践とも重なっている。彼ら三人は、国家の転覆を狙ったのではない。そうではなくて、草の根的に現場から実践を積み上げる、という意味で、「改良主義的な改革」であった。識字教育や自己決定の支援、閉鎖病棟の開放化といった、「できる一つの方法論」を積み重ねていくなかで、現場の「文化の論理を変えていく」ことができ、それがひいては法律の変更の原動力になった。

「国家の論理を変える」ことを第一義に置くと、うまくいかなければ、〈政治が悪い〉という月並みな結論で終わる。そうではなくて、この三人は、政治が悪い、で終わらさずに、現場での変化を実際に積み上げていったからこそ、「『当たり前』をひっくり返す」ことが可能になったのである。社会を変える前に、まず自らの「認識枠組み」を疑い、強制ではなく自由こそ治療だ、アブノーマルな施設ではなくノーマルな生活環境の提供を、被抑圧者が抑圧を自覚できるような教育を、と理論や実践を変えていった。これこそが「実践の楽観主義」の真の姿なのだ、と改めて気付かされた。

終章

認識枠組みの転換

この本を閉じるにあたって、三人の思想を交錯させながら本書で描いてきた物語を今一度振り返って整理しておきたい。この本で追い求めてきたことを、一言で表現するなら、前章の最後にも述べた認識枠組みの転換、というフレーズが浮かぶ。フレイレは、このことを一行で表現している。

「銀行型」は永続性に重点を置く一方、問題解決型は変化に重きを置く。(フレイレ、二〇一一:一一〇頁)

この世の支配的世界観は、問題解決型ではなく、「銀行型」である。抑圧や支配が、二十一世紀に消滅した、のではない。より巧妙な・よりソフトな形で強化・発展している。抑圧する側・支配する側が求めるのは、自らにとって都合の良いシステムや統治方法が継続される、という意味での「永続性」である。一方、フレイレやニィリエ、バザーリアが体現してきたのは「変化」であった。このことを、フレイレの考察からもう少し、紐解いてみたい。

問題解決型教育は固定した反動主義ではなく、革命的な未来を目指している。ある意味それは予言的な意味合いも出てくるし、希望の希求ともなる。だから歴史的存在としての人間の状況に呼応して自らの歴史性がある。今ある自分を超え、より高いものを目指すものとして――いろいろな試みを通じて――前を向いて進むものとして、動かないものは死の始まりを意味し、後ろを振り返ることは懐古趣味や過去に戻るためではなく、何が起こったかを知ることにより、よい未来をつくるといった意味で……そういった人間を同定する。未確定な存在を自覚するような人間であり、そこに自らを刻み込むような永続的な運動、起点があり、主体があり対象があるような歴史の運動を現実のものとして固定する。（前掲書：一一一頁）

現実が問題だと感じても、「どうせ」「しかたない」と諦める宿命論。ここには動かないものとしての「固定した反動主義」がある。フレイレはこの反動主義を指して、「死の始まり」という。宿命論に囚われ、自らも息苦しいシステムに従わざるを得ない時点で、立場や役割を保障されるかもしれないが、自分の中の何かが死んでいく。

一方、フレイレ、ニィリエ、バザーリアの三人は、問題と感じた現実と向き合った際、「未確定な存在を自覚するような人間」であり、宿命論に囚われず、「革命的な未来を目指し」た。フレイレは軍事政権によって亡命を余儀なくされた後に、意識化や対話という素朴な原理が、支配の永続性を疑うために必要不可欠であると洞察し、そこから抑圧されている人々が「今ある自分を超え、より高いものを目指す」ために『被抑圧者の教育学』を整理していった。ニィリエは、アカデミックドロップアウトを経て生計の糧を得るために飛び込んだ難民収容所や入所施設において、「収容される」という文化のパターンがいかに人間を卑屈にし、可能性を狭めるかに気付いた。そこから、そのようなアブノーマルな現実を変える方法論として、「ノーマライゼーションの原理」を提唱した。バザーリアは、現象学的精神医学の研究者の道を閉ざされて精神病院長になったときに、精神医療を括弧に入れてみると、病気を治療するのではなくアブノーマルな人を社会から隔離・排除するために精神病院が存在していることに気付いた。そこから、支配的構造を徹底的に問い直すアッセンブレアを続け、やがて閉鎖病棟の開放化は、精神病院の廃止に向けた動きへと展開していった。

この三人は、「自らを刻み込むような永続的な運動、起点」をもっていた。そして、そのような「運動」を止めることなく、被抑圧者や知的障害者、精神病者を「歴史的存在としての人間」として対等に受け止めることにより、彼ら／彼女らの「状況に呼応して自らの歴史性」を自覚していった。抑圧や支配、管理の実態を永続的なものと捉えず、それをどう変化させれば、より多くの自由を獲得することが可能か、を実践のなかから検討していった。これが認識枠組みの転換の肝である。

その三人のプロセスを書き続けるなかで僕自身が目指したこと。それは回顧録でも、三人の顕彰でもない。「後ろを振り返ることは懐古趣味や過去に戻るためではなく、何が起こったかを知ることにより、よい未来をつくる」。本書を通じて僕がずっと考え続けてきたことは、これである。終章では、三人の変化のプロセスから、僕たちが「よい未来をつくる」上での「予言的な意味合い」や「希望の希求」を整理しておきたい。

「当たり前」を括弧に入れる

僕たちが、普段「当たり前」だと思って、疑いもしないこと。それを括弧に入れて、本当にそうなのか、と疑いの眼差しを向けること。これは、言うは易く行うは難し、である。僕自身の大学での講義では、このことを繰り返し行っているが、まじめで「良い子」の学生ほど、この「当たり前」を括弧に入れることに、心理的抵抗感や拒否感をあらわにする。

「ひきこもりは、甘えている人なのか?」「ホームレスは、怠けているのか?」「児童虐待する親は、ろくでもない極悪人なのか?」「認知症の人は何もわからないのか?」「障害のある子は、普通の子と違う場所で学ぶ必要があるのか?」

こういった問いかけは、学生たちにとって、正面から深く考えたことではない、けれど、「そういうものだ」と思い込んでいる、暗黙の前提である。この「そういうものだ」というフレーズは、「どうせ」「しかたない」と同じ、宿命論的な呪いの言葉でもある。そう発言することで、深く考えることをやめ、その認知を強化させる機能をもつ。そうすることにより、世の中の支配的言説への疑いにも蓋をするようになり、社会構造の歪みに対しても、「そういうものだ」と唯々諾々と従う基盤がつくられる。これが、ブラック企業や過労死を生み出す前提にもなる、銀行型教育の刷り込み効果である。

本来なら、この抑圧的現実を構築している「当たり前」を疑うことは、その支配下にある人にとっては、自らの解放やより多くの自由を手に入れる上で喜ばしいことのはず、である。だが、現実はその逆で、僕がこのような問いを挟むことに、脅威を感じる学生も少なくない。実際に、講義後に直接、あるいはコメントペーパーを通じて、反発の声を寄せる学生もいる。彼女ら／彼らの声を聴いていると、どうも僕がしていることが不安であり、恐怖のようである。それは一体、どのような不安や恐怖なのだろうか？

自らが宿命論だと思い、永続的に変わらないと思っているものが、実は思い込みに過ぎないと気付かされること。それは、自らの土台そのものを時に揺さぶる。理不尽と感じ、違和感を抱いているものであっても、「そういうものだ」と宿命論を抱いて諦めることで、その感覚や感情に蓋をすることができた。だが、僕が講義中に問いかけることは、そのような感覚や感情の蓋を外す、文字通りパンドラの箱を開けるような事態である。一旦それを認めてしまうと、自分の中で蓋をして見ないようにしていた、他の宿命論や諦めとも直面せざるを得なくなる。それが、この蓋を引きはがすことへの心理的恐怖なのかもしれない。

だが、この社会における生きづらさや理不尽さを何とかしたいと思うなら、宿命論や諦念に支配されず、その宿命論や諦念を形づくる「当たり前」こそ括弧に入れて、それがどのように構築されているのかをつぶさに観察することが大切だ。フレイレもニィリエもバザーリアも、この観察から全てをスタートさせた。

相手と対話し、相手から学ぶ

その上で、次に大切になるのが、対話を通じて対話の相手から学ぶことができるか、である。これも言うほど簡単ではない。相手と本当に対話し、相手から学ぶということは、時に自己の認識や実践の変容を迫られるからである。

第七章の冒頭で、「理解していないのは、あの人たちを理解していないのは、あなたのほうじゃないの、パウロ?」というフレーズを引用した。フレイレがまだ銀行型のスタイルで成人教育に携わっていたときに、子どもたちに体罰を与える親から、「先生は、ぼくがどんなところに住んでいるか、ご存じですか?」と問われて答えられなかったエピソードの後、妻のエルザから指摘されたことである。専門家と素人、支援者と社会的弱者の関係性においては、専門家や支援者は知っている人であり、素人や社会的弱者は知らない人である、というのが暗黙の前提とされた。だからこそ、知らない人を教え導くモードが正当化され、相手のことを知る必然性も認識されないままだった。そんななかで、「あの人たちを理解していないのは、あなたのほうじゃないの」という問いは、知識人の「当たり前」を揺るがす危険な問いでもあった。

だからこそ、三人は支配や抑圧状態にある人との対話を、自らの活動の起点に置いた。バザーリアが脱・精神病院の動きを始めるきっかけは、精神病院内での、自由に参加できて治療をテーマにはしない討論の場であるアッセンブレアであった。その場では、部屋の外から抗議し続ける人や、電気ショックを与えてほしいとお願いする人も、「オカシイ・狂った人」と切り捨てず、その人がそう訴える内在的論理をみんなで考え合った。そのプロセスのなかで、収容する人・される人の双方を強く呪縛している「施設の論理」そのものに気付き、それを超えていくための試みが生まれていった。

ニィリエも、入所施設に収容されていた人々との信頼関係をつくることを重視し、彼ら／彼女らと話し合うなかで、そこでの孤独や外の世界との違い、個人が成長するために施設環境が相応しくないことを、知的障害者から学んだ。知的障害者の親たちが望んでいないことであっても、本人たちが望んでいることなら、自己決定や自己選択の機会を増やす試みも重ねていった。

そしてフレイレは、自らの臓腑をえぐる言葉を前にして、「民衆に、ではなく、民衆との、語りあいに変えていかねばならぬのだ」と気付く。そしてこのような気付きは、社会を変える活動をする三人にとって、自らの土台を揺り動かす事態でもあった。

社会を変える前に、自分から変わる

世の中はオカシイ！　変えるべきだ！　こういう声をしばしば耳にする。僕も以前はしばしば口にしてきた。だが、それらの訴えが、時に冷笑的な眼差しに直面することもある。それは、なぜか？

「〇〇はオカシイ」と言うときに、その背後に「そう指摘する私はオカシクない（＝正しい）」という自己肯定が潜んでいる場合もある。この絶対的な自己肯定に基づく他者否定は、理解や共感を得にくい。なぜなら、その時点で自分と他者を切り分けた他者批判となるからである。そして、この他者否定が権力と結びついたとき、支配や抑圧の論理として機能するだけでなく、宿命論的にそれを受け入れる事態ともつながっていく。

このようなプロセスそのものを括弧に入れて、批判的に捉え直そうとするならば、まずは自らに内在する権力性や支配性、抑圧性をそのものとして認め、それを問い直す必要がある。これも簡単ではない。だが、この三人は、そこを起点にした。

バザーリアは学生運動のリーダー的存在だった一九六八年に、息子が家出する、という事態に遭遇する。それは、社会変革を唱える前に、まず父としてのあなたが変わるべきだという、息子からの強烈な反抗＝自己主張であった。それに蓋をすることなく、そのことと向き合ったからこそ、彼は「他者の個性を尊重しながら、他者との関係において自分自身の個性を主張する人間」として成熟していった。

ニィリエは脳性マヒの若者たちからたくさんのことを学んだのが、大きな岐路だった。ヘミングウェイの読書会を開いてほしいと頼まれた彼は、ヘミングウェイ文学の読み方を伝えたが、それ以上に「これらの若者の他人への依存程度を理解すると、彼らがどんなに無力に感じているかということがよく理解できた」という。文学や文芸評論にのめり込んだ第一の人生からはドロップアウトしたが、生計の糧を得るために飛び込んだ世界で、脳性マヒの若者たちとお互いが学び合う関係性を築くなかで、銀行型の詰め込みではない問題解決型の学び合いとは何か、を肌身に染みて感じることができた。

フレイレは、自らの銀行型教育の限界を村人に突き付けられた先ほどのエピソードの後、民衆との語り合いを具体的に行うために、問題解決型教育のアプローチを模索した。教育する側が、教育される側から自らの教育の在り方を根本的に問われ、それを真に受け入れ、教育する在り方そのものを見つめ直すのは、まさに「社会を変える前に、自分から変わる」スタンスそのものであった。だからこそ、この三人のアプローチには説得力が生まれてくる。

希望の希求

この三人に共通することは、それだけではない。優れた理論家であり、かつ優れた実践家でもあった。実践と理論との絶えざる往復を欠かさない存在であった。それは理性の悲観主義を超える上での鍵でもあった。

僕は二〇一〇年から二年間開かれた、内閣府障がい者制度改革推進会議総合福祉部会の委員を務めた。これは、障害者福祉の現行法を抜本的に見直そうという意図をもった、国の審議会的な位置付けの部会であった。当時、政権交代した民主党政権が主導することによって、後れていた障害者施策を一気に底上げすることを狙った部会であった。だが、そこで僕が垣間見たのは、現行法を変えたくない厚生労働省や、厚労省に説得されて（ロビー活動を受け入れて）現行法維持に傾いていった与野党の国会議員の姿だった。そこに抗し切れなかったのは、闘いの勝ち負け、というよりも、理性の悲観主義がこの国に強固に根付いていることに僕自身が向き合い切れていなかったからである。それくらい、この理性の悲観主義は、社会の反動主義と結び付き、抑圧的で支配的なものを永続性あるものに高めるために機能している。そんな理性の悲観主義の威力を見せつけられた。

では、「今ある自分を超え、より高いものを目指す」ためにはどうすればよいのだろうか？　そのことを考え続けるなかで、僕が「予言的な意味合い」や「希望の希求」を受け取ったのが、半世紀前に理論と実践を往復していた三人の著作からだった。三人の考えたこと、実践したことを辿り直す本書執筆のプロセスは、「後ろを振り返ることは懐古趣味や過去に戻るためではなく、何が起こったかを知ることにより、よい未来をつくる」上で、欠かすことのできない機会ともなった。

フレイレは、抑圧・支配者の論理を理性的に「どうせ」「しかたない」と受け止め、宿命論や諦めを内在化させる、この理性の悲観主義そのものと闘っていた。reading words and reading the world と彼が言うとき、変えられない前提を鵜呑みにするのではなく、社会的に構築された言葉や概念を批判的に読み込むことで、その社会そのものを読み直す・捉え直すことができると気付いた。だからこそ、識字教育を通じて、自らがどのような支配的言説に呪縛されているかを理解することができると主張し、その威力と脅威は軍事政権幹部にまで認知されたから、亡命を余儀なくされた。

知的障害者の親たちが「知的障害者が自分でこういった結論を出したとは思わず、誰かに指導されコントロールされた結論であると主張」し、「ニィリエは自分で考えることを教えている！」と絶叫・

糾弾したとき、ニィリエも親も、価値の裂け目に立たされていた。知的障害者には自己決定なんて無理だと信じ込んだ親たちは、あくまでも理性の悲観主義に固執し続けた。一方、知的障害をもつ若者たちと自己決定の体験を積み重ねてきたニィリエは、実践の楽観主義を確たるものにしていた。親たちは、親の会が無意識・無批判に護り続けた価値前提をニィリエの理論や実践がひっくり返すことに恐怖を覚えたから、彼を追い出したのだった。

バザーリアも、隔離収容を「どうせ」「しかたない」と正当化する理性の悲観主義に対して、実際に精神病院の開放化を進めていく実践を対置させることによって、実践の楽観主義を明らかにしていった。やってみせることによって、「できない百の理由」を封じ込めていったのである。三人は、そういう意味では、識字教育や自己決定、病棟開放などの「できる一つの方法論」を実践することで、「そんなの無理だ」「できっこない」と理性で批判する・諦念する悲観主義を打ち砕いていったのである。

ここにこそ、「よい未来をつくる」上での「予言的な意味合い」や「希望の希求」が僕には感じられるのである。

「当たり前」をひっくり返す、その今日的価値

長く続けてきた三人との対話の旅を終えるにあたり、「当たり前」をひっくり返すことについて、その今日的な意義や価値をもう一度整理しておきたい。

僕自身は、本を書きながら、自分自身の信じて疑わなかった土台が崩れていく、そんな体験をしてきた。元々精神病院については、専門家が必要というのだからなくすことはできないのではないか、と鵜呑みにしていた。だが、二〇一二年に初めて訪問したトリエステで、本当に精神病院なしの実践をしているのを目の当たりにした。それは、二〇〇三年から二〇〇四年にかけて、五カ月ほどスウェーデンに滞在し、知的障害者の入所施設をゼロにした実践を調べていたときと同じような、「当たり前」がひっくり返される経験だった。必要悪だとか「しかたない」とか、自分の中でそう思い込んできたことが、思い込みに過ぎないこと、別の実践の可能性があることを、まざまざと見せつけられた思いだった。

その原点があるからこそ、「精神科医は、科学者と警察官という二重の義務を負っている」というバザーリアの言葉も深く突き刺さった。隔離や拘束はやむを得ない、と思う時点で、社会を狂った人から防衛せよ、という「警察官」の役割を精神医療や精神科医に期待している。しかも、その期待に無自覚なまま、「科学者」のもっともらしい診断基準で、「警察官」役割を「科学」的に演じてもらうことを期待しているのである。その欺瞞というか、語られざる二重性について、半世紀前のバザーリアの言葉から、現在の僕自身が気付かされた。そして、そのような二重性に支配されている限り、その語られざる現実を見ないふりをして蓋をしている限り、三人が実践していた開かれた対話性は実現できない、とも感じている。それは、なぜか?

三人は優れた実践家でもあるが、同時に優れた理論家でもある。三人は、「精神病院は必要悪だ」

「重度障害者は入所施設でないと暮らせない」「小作人は支配されるのもしかたない」といった、「当たり前」として暗黙の前提にされていることを、「ほんとうにそうなのか?」と括弧に入れて、ギリギリと問い直していった。そのなかで、私たちが「どうせ」「しかたない」「当たり前だ」と思い込んでいる認識枠組みや暗黙の前提こそが、社会的につくられたものであり、この「当たり前」によって、精神病者や知的障害者、小作人などが抑圧され、支配されていることに気付いた。そして、彼ら/彼女らがより多くの自由を手に入れるためには、この認識枠組みをひっくり返すことが、理論的にも実践的にも必要不可欠だとも気付いた。そして、それを識字教育や脱施設化、病棟開放化などで実践することにより、「当たり前」はひっくり返すことが可能である、ということを、他の支援者や専門家に証明してみせた。その実践を通じて、「当たり前」をひっくり返す理論的基盤を創り上げた。それが、この三人が期せずして同じ時代に創り上げた最大の成果であった、とも言える。そして、それこそ、現在の僕たちにとっても「希望の希求」なのだ。

そこで、序章で引用した言葉に、もう一度ご登場願いたい。

「ポリフォニー的現実においては、語られている事柄は、新たな会話において新たな意味を得る。」

今回、フレイレ、ニィリエ、バザーリアによって語られてきた事柄を、ポリフォニー的、つまりは重ね合わせるように多声的に取り上げ、三者の語らいを新たに会話させてきた。永続性を信じて疑わない事態に対し、変化の可能性を模索する、という形で認識枠組みを転換することにより、「当たり前」を括弧に入れることが可能になる。その括弧に入れた現実を変化させるためには、何よりも対象となる相手との対話のなかで、相手から学ぶ必要がある。そして、相手や社会を変えようとする前に、まず自分自身から変わり始める。これが理性の悲観主義を超えた実践の楽観主義を実現するための筋道であり、その延長線上に「当たり前」をひっくり返すことが可能になる。そんな可能性を、三人とのポリフォニー的現実から受け止めることができた。

収束の見通しが全く見えない原発問題や、沖縄の米軍基地問題、あるいは増え続ける児童虐待や高止まりする自殺者数など、日本社会の抱える問題はてんこ盛りであり、この社会の同調圧力や支配的空気は生きづらさを助長している。そんな日本社会の閉塞感を変えるためにも、フレイレやニィリエ、バザーリアが草の根の現実から変化の可能性を希求し、一つずつ実践のなかから変えていった成果や残した叡智は、小さくはないヒントを与えてくれる。僕たちは、この三人から学んだ叡智を手に、新たな現実の、新たな対話のなかで、新たな意味を獲得する旅に出ていくのだ。その際、この本で議論してきた三人の挑戦や試行錯誤、そのなかから生み出された珠玉のアイデアや言葉を羅針盤に、新たな対話に漕ぎ出すのだ。そして、本書で掲げ続けた三人との水平の対話は、読み終えた後、今度は僕たちの中での内的言語として、垂直の対話という形で生き続ける。これこそが、ポリフォニー的現実の最たるものなのだ。

あなたの中で、三人との多声的な対話が実り豊かになることを願って、本論を閉じたい。

注

1　なお筆者のアッセンブレアの理解は、次の二つの文献に基づく部分が大きい。大熊（二〇〇八）、鈴木（二〇一五）。

2　日本では二〇〇六年の法改正によって、行政上の名称としては、「精神病院」から「精神科病院」と変更された。その理由として、民間精神科病院の経営者団体である日本精神科病院協会（日精協）の当時の会長は、以下のように語っている。「日本精神科病院協会と名称を変更したのは、収容施設というイメージを打破し、精神科を専門とする医療団体であることを明確にするとともに、患者さんに、精神疾患は治る病気であることを理解して希望をもっていただくという意味もあります」。だが、本稿ではまさにその「精神病院」における「収容施設というイメージ」がなぜ、現在でもなくならないのか、に焦点をあてて論じるため、特に断りのない場合、「精神病院」と表記する。
http://www.kenkounippon21.gr.jp/kenkounippon21/katsudo/jirei/dantai/k1678.html

3　バザーリア自身の言葉が直接日本語に翻訳された書籍は、二〇一七年に刊行された『バザーリア講演録自由こそ治療だ！』が初である。二〇一五〜二〇一七年にかけて『季刊福祉労働』で連載を続けてたものをまとめた本書では、第十章でこの講演録を用いているが、それまでは主に、英語に翻訳された唯一の著書である「*Psychiatry Inside Out: Selected Writings of Franco Basaglia*」を用いて考察した。

4　バザーリアの思想と反精神医学の関係性については、竹端（二〇一六）を参照。

5　大熊由紀子は「ノーマライゼーション」には「二人の父」がいる、と指摘する。デンマーク人のバンクミケルセンが「生みの父」であり、ニィリエは「育ての父」だという。詳しくは、大熊由紀子（二〇〇八）『恋するようにボランティアを』参照。

6 FREEDOM FIRST, A study of the experiences with community-based mental health care in Trieste, Italy, http://www.imhcn.org/?p=5664

7 以下の内容は、セミナーで発表したAmering氏が書いた次の論文に基づく。MICHAELA AMERING, MONIKA MIKUS & SIGRID STEFFEN, Recovery in Austria: Mental health trialogue, *International Review of Psychiatry*, February 2012; 24(1): 11-18.

8 The Mental Health Trialogue Network, Ireland Transforming Dialogue in Mental Health Communities. http://www.trialogue.co/

9 Money and Mental Illness: A Study of the Relationship Between Poverty and Serious Psychological Problems, *COMMUNITY MENTAL HEAL TH JOURNAL* OCTOBER 2015.

10 その当時の報告書は次のとおり。竹端寛（二〇〇四）「スウェーデンではノーマライゼーションがどこまで浸透したか？　グルンデン協会におけるself advocacyのあり方とイエテボリ市における地域生活支援ネットワーク調査に基づいて」。http://www.dinf.ne.jp/doc/japanese/resource/other/takebata.html

11 ニィリエがパウンドやハマーショルドとどのような交流があったのか、を晩年に語っている記録がある。"The Knight and the Troubadour: Dag Hammarskjöld and Ezra Pound" http://www.daghammarskjold.se/wp-content/uploads/2014/08/knight_and_troubadour-web.pdf

12 スウェーデンのオンブズマン制度については、以下の資料に詳しい。「オランダ、英国及びスウェーデンにおけるオンブズマン制度」。http://www.sangiin.go.jp/japanese/annai/chousa/rippou_chousa/backnumber/2014pdf/20140501089.pdf

13 リンドグレーンの命日は一九六八年五月三十一日で、ケネディ大統領が暗殺されたのは一九六三年十一月二十二日、そしてケネディが生まれたのは一九一七年五月二十九日である。二〇〇四年にニィリエが約四〇年も以前のことを振り返った記述では、ケネディの暗殺された日と生まれた日を勘違いし、またリンドグレーンの命日とも二日ほどずれているが、それはニィリエの語りたい本意を彩るディティールの上での、あくまでも勘違いであろう。

14　ケネディ財団のホームページを参考にした。
https://www.jfklibrary.org/JFK/JFK-in-History/JFK-and-People-with-Intellectual-Disabilities.aspx

15　この部分の解釈は、リンドグレーンの詩の英訳書解説（Laughlin,1969）を参考にした。

16　この報告書は全文がＰＤＦで閲覧できる。
http://mn.gov/mnddc/parallels2/pdf/60s/69/69-CPS-PCR.pdf

17　この部分については、ガドッチ（一九九三）、Horton & Freire（1990）を参照。

18　この映像は日本語字幕付きでYouTubeで見ることができる。
https://www.youtube.com/watch?v=_i5GmtdHKTM

19　日本語訳はアーンキル＆エリクソン（二〇一八）を参照。原文はネットで読める。Taking up One's Worries.
https://www.julkari.fi/bitstream/handle/10024/80315/d4782cad-3b09-471b-b80c-bb42f6f07ee6.pdf

20　二〇一一年に、三砂ちづるさんによる実に読みやすい「新訳」と出会って、僕の『被抑圧者の教育学』やフレイレ思想の理解は一気に進んだ。三砂さんの素晴らしいお仕事に心から感謝している。

21　日本では、一九六〇年代末から、脳性マヒの人々が中心になった障害者運動が、障害者差別への批判的な意識化およびそれへの異議申し立てを行ってきた。例えば、一九七〇年に障害児の親が母子心中を図った事件が起きた際、母親に対する減刑嘆願運動が起こった。これに対して「今回の事件が不起訴処分または無罪となるか、起訴されて有罪となるかは、司法関係者を始め一般社会人が、重症児を自分とは別の生物とみるか、自分の中まである人間とみるか（その中に自分をみつけるのか）の分かれ目である」横塚（二〇〇七：八〇）と訴えたのが、神奈川青い芝の会を初めとした日本の障害者運動だった。彼女ら／彼らは障害者への差別構造の批判的意識化をこの当時から社会に訴えかけてきた。この運動については、横田（二〇一五）も参照。

22 このイタリアでの精神病院廃止に向けたプロセスは大熊（二〇〇八）に詳しい。

23 これは社会的協同組合B型と呼ばれている。

24 番組での僕の発言も番組ホームページで活字化されている。https://www.nhk.or.jp/gendai/articles/4083/index.html

引用・参考文献

アーンキル、トム・エーリク&エーリクソン・エサ（二〇一六）高橋睦子訳『あなたの心配ごとを話しましょう――響きあう対話の世界へ』日本評論社。

バザーリア、フランコ（二〇一七）大熊一夫・大内紀彦・鈴木鉄忠・梶原徹訳『バザーリア講演録　自由こそ治療だ！』岩波書店。

ベネディクト、ルース（二〇〇八）米山俊直訳『文化の型』、講談社学術文庫。

Dybwad, Gunnar.（1969）"Action Implications, U.S.A. Today", Robert B. Kugel and Wolf Wolfensberger eds., *Changing Patterns in Residential Services for the Mentally Retarded*, Washington, D.C.: President's Committee on Mental Retardation.

フレイレ、パウロ（二〇〇一）里見実訳『希望の教育学』太郎次郎社。

フレイレ、パウロ（二〇一一）三砂ちづる訳『新訳　被抑圧者の教育学』亜紀書房。

ガドッチ、モシアル（一九九三）里見実・野元弘幸訳『パウロ・フレイレを読む』亜紀書房。

Horton, Myles and Freire, Paulo（1990）*We Make the Road by Walking: Conversations on Education and Social Change*, Philadelphia: Temple University Press.

ユング、カール・グスタフ（二〇一二）吉村博次訳『心理学的類型』、中公クラシックス。

河東田博（二〇〇四）「訳編者コメント」、ベンクト・ニィリエ『［新訂版］ノーマライゼーションの原理――普遍化と社会変革を求めて』現代書館、五三頁。

厚生省公衆衛生局（一九五一）「わが国精神衛生の現状並びに問題について」『医学通信』二六二、一一頁。

久野研二・中西由起子著（二〇〇四）『リハビリテーション国際協力入門』三輪書店。

Laughlin, James eds., (1969) *New Directions in Prose and Poetry* 21, W W Norton & Co Inc.

ヘミングウェイ、アーネスト（二〇一四）小川高義訳『老人と海』光文社。

Nirje, Bengt (1992) *The Normalization Principle Papers*, Uppsala: Center for Handicap Research, Uppsala University.

ニィリエ、ベンクト（二〇〇四）河東田博訳編『〔新訂版〕ノーマライゼーションの原理——普遍化と社会変革を求めて』現代書館。

ニィリエ、ベンクト（二〇〇八）ハンソン友子訳『再考・ノーマライゼーションの原理——その広がりと現代的意義』現代書館。

大熊一夫（一九七三）『ルポ精神病棟』朝日出版社。

大熊一夫（二〇〇九）『精神病院を捨てたイタリア　捨てない日本』岩波書店。

大熊一夫（二〇一六）「精神病院にしがみつく日本　司法精神病院も捨てたイタリア」『世界』二〇一六年一月号、二六五–二七五頁。

オリバー、マイケル（二〇〇六）三島亜紀子・山岸倫子・山森亮・横須賀俊司訳『障害の政治——イギリス障害学の原点』明石書店。

Oliver, Michael J. (1999) "Capitalism, disability and ideology: A materialist critique of the Normalization principle." Flynn, Robert J. and Raymond A. Lemay, A Quarter-Century of Normalization and Social Role Valorization: Evolution and Impact. http://www.independentliving.org/docs3/oliver99.pdf

佐藤優（二〇〇七）『地球を斬る』角川学芸出版。

Scheper-Hughes, Nancy and Anne M. Lovell eds., 1988, *Psychiatry Inside Out: Selected Writings of Franco*

Basaglia. New York: Columbia University Press.

セイックラ、ヤーコ&アーンキル、トム（二〇一六）高木俊介・岡田愛訳『オープンダイアローグ』日本評論社。

鈴木鉄忠、二〇一五、「〝二重の自由〟を剥ぎとる施設化のメカニズム――F・バザーリアの精神病院批判を手がかりに」『紀要社会学・社会情報学』二五、一三五―一四九頁。

竹端寛（二〇一三）「『病気』から『生きる苦悩』へのパラダイムシフト：イタリア精神医療『革命の構造』」『山梨学院大学法学論集』七〇、三一―六一頁。

竹端寛（二〇一五）「『合理性のレンズ』からの自由：『ゴミ屋敷』を巡る『悪循環』からの脱出にむけて」『東洋文化』九五、九九―一一四頁。

竹端寛（二〇一六）「精神医療のパラダイムシフト」遠塚谷冨美子・吉池毅志・竹端寛・河野和永・三品桂子著『精神病院時代の終焉――当事者主体の支援に向かって』晃洋書房、八三―一一九頁。

ヴォルフェンスベルガー、ヴォルフ（一九八二）中園康夫・清水貞夫訳『ノーマリゼーション――社会福祉サービスの本質』学苑社。

横田弘（二〇一五）『〔増補新装版〕障害者殺しの思想』現代書館。

横塚晃一（二〇〇七）『母よ！　殺すな』生活書院。

ザネッティ、ミケーレ&パルメジャーニ、フランチェスコ（二〇一六）鈴木鉄忠・大内紀彦訳『精神病院のない社会をめざして　バザーリア伝』岩波書店。

あとがき

二〇〇四年一月十八日、スウェーデンのウプサラ駅近くのレストランで、僕は晩年のベンクト・ニィリエにインタビューをしていた。僕がお土産に持ってきた日本のウィスキーをすごく喜んで下さりながら、御年八〇歳を超えた彼は熱く語っていた。そのインタビュー記録を読み直していると、こんな記述が目に飛び込んできた。

「革命とは、上からのトップダウンではなく、それぞれの人の情熱から始まりました。アメリカのような個人主義、上からの民主主義で変えられる、というのは思い上がりです。」

書き終わってみればこの本は、ニィリエ、バザーリア、フレイレという三人の、「それぞれの人の情熱」から始まった「革命」の物語であったのかもしれない。そして一四年前の冬、老大家の「情熱」に感化された僕が、この物語を生み出すまでのプロセスを、最後に記しておきたい。

本書は僕にとって三冊目の単著になる。一冊目の『枠組み外しの旅』（青灯社）を二〇一二年に、二冊目の『権利擁護が支援を変える』（現代書館）を二〇一三年に刊行した時点で、次の本は少し時間をかけてじっくり取り組みたい、と考えていた。その際、二〇一二年に初めて訪れたトリエステで学んだ「精神病院なしの実践」と、スウェーデンで学んだ「入所施設なしの実践」が重なり、それを重ね合わせた論考にしたい、というアイデアがあった。しかも制度や政策の紹介・分析ではなく、そういう現実を創り上げたニィリエやバザーリアという人の思想と実践に焦点を当てた物語が思い浮かんだ。そして、社会に「革命」を起こした人の物語という軸を思い浮かべると、僕が大学院時代からずっと気になっていたもう一人の社会変革家、フレイレの思想との重なりを論じることで、さらに豊かなポリフォニーを奏でることが可能ではないか、というイメージも沸いてきた。

ただ、書き下ろしの自信はなかったので、現代書館から出ている雑誌『季刊福祉労働』での連載とその後の書籍化、というプランをご相談したところ、担当編集者の小林律子さんが快諾してくださった。二〇一五年から三年間、計一〇回（『季刊福祉労働』一四八〜一五五号・一五七〜一五八号）連載した内容が、本書の本編の「初出」となっている。前著も本著も、優れたお産婆さん役の小林さんの伴走があってやっと成立した。小林さんの退職前に間に合って、ほっと一息ついている。

また、本書は甲府時代の僕の仕事の集大成でもある。博士号取得後、二年間で履歴書を五〇通送っても振られ続け、やっと拾って頂いたのが山梨学院大学法学部政治行政学科だった。二〇〇五年に着任し、二〇一八年三月に退職するまでの一三年間、自由にのびのびと研究させて頂いたお陰で、単著を三冊創り上げることができた。また、フレイレ編で述べたが、山梨学院大学の学生と授業やゼミを通じた対話を繰り返すなかで、僕自身の内なる権威主義や銀行型教育の弊害に気付かせてもらい、教育における「当たり前をひっくり返す」実践を行うことができた。特に同僚で良き議論相手でもあり、本書の草稿にも有益なコメントを下さった児島功和先生には、多くの刺激を頂いた。甲府時代にお世話になった全ての方に、心から御礼申し上げたい。

さらに、この本を書いている最中に娘が生まれ、スリングに子どもを入れながら原稿を書いていたこともある。家事育児がメインになり、自由に使える時間が極端に減り、空き時間に必死に本書をまとめることができたのは、前任校だけでなく、久しぶりに戻ってきた関西で、二〇一八年四月から勤め始めた兵庫県立大学環境人間学部の寛容な研究環境のおかげである。美味しい甲州ワインと瀬戸内の魚にも、大いに助けられた。

書き上げてみると、この物語を一人でも多くの方に届けたいという思いが強まったが、無名の僕の力では限界があるし、大量の新刊本で溢れかえる昨今では、書店でもネットでも、気にもとめてもらえない。そこで、装画は『キジムナーkids』（現代書館）で出会った印象的な世界観に惹かれて山福朱実さんにお願いし、帯文はオープンダイアローグを本気で日本に根付かせようと奮闘されている斎藤環さんにお願いした。装画や帯文がご縁で手にして下さった方もきっと少なくないはずで、快く引き受けて下さったお二人の素晴らしいご助力に心から御礼申し上げます。

それから『季刊福祉労働』に連載中から本書を書き上げるプロセスにおいて、ＪＳＰＳ科研費ＪＰ１７Ｋ０４２６８「生成的対話に基づくコミュニティエンパワメントに関する基盤的研究」およびＪＰ２６３８０７８９「権利擁護と社会起業家精神を基盤としたコミュニティソーシャルワーカーへの変容課題」の助成を受けました。記して感謝します。

僕自身、二〇一〇年から二〇一二年にかけて、内閣府障がい者制度改革推進会議総合福祉部会に参加して「上からの民主主義で変えられる、というのは思い上がり」であり、霞ヶ関や永田町に蔓延する「理性の悲観主義」に一度は叩きのめされ、僕の内なる「情熱」も消えかけた。だからこそ、三人の「情熱から始ま」る「革命」の物語を書きながら、僕の中でも改めて「実践の楽観主義」の大切さと力強さに気付くことができた。この三人から教わった「実践の楽観主義」に基づく開かれた対話性を、僕はこれから少しずつ、大切に育んでいきたいと考えている。

二〇一八年十月

竹端　寛

竹端　寛（たけばた・ひろし）

兵庫県立大学環境人間学部教授。専門は福祉社会学、社会福祉学。

1975年京都市生まれ。大阪大学人間科学部、同大学院人間科学研究科修了。博士（人間科学）。山梨学院大学法学部政治行政学科講師・准教授・教授を経て、2018年4月から現職。

主著に『権利擁護が支援を変える――セルフアドボカシーから虐待防止まで』（現代書館、2013年）、『家族は他人、じゃあどうする？――子育ては親の育ち直し』（現代書館、2022年）、『枠組み外しの旅――「個性化」が変える福祉社会』（青灯社、2012年）、『「無理しない」地域づくりの学校―「私」から始まるコミュニティーワーク』（ミネルヴァ書房、共編著、2017年）、『ケアしケアされ、生きていく』（ちくまプリマー新書、2023年）など。

ブログ　http://www.surume.org

ツイッター　@takebata

「当《あ》たり前《まえ》」をひっくり返《かえ》す

――バザーリア・ニィリエ・フレイレが奏《かな》でた「革命《かくめい》」

二〇一八年十一月十五日　第一版第一刷発行

二〇二四年四月十日　第一版第二刷発行

著　者　竹端　寛

発行者　菊地泰博

発行所　株式会社現代書館

東京都千代田区飯田橋三―二―五

郵便番号　102―0072

電　話　03（3221）1321

FAX　03（3262）5906

振　替　00120―3―83725

組　版　明昌堂

印刷所　平河工業社（本文）

東光印刷所（カバー）

製本所　積信堂

装　幀　伊藤滋章

装　画　山福朱実

校正協力　高梨恵一

ISBN978-4-7684-3569-4

http://www.gendaishokan.co.jp/

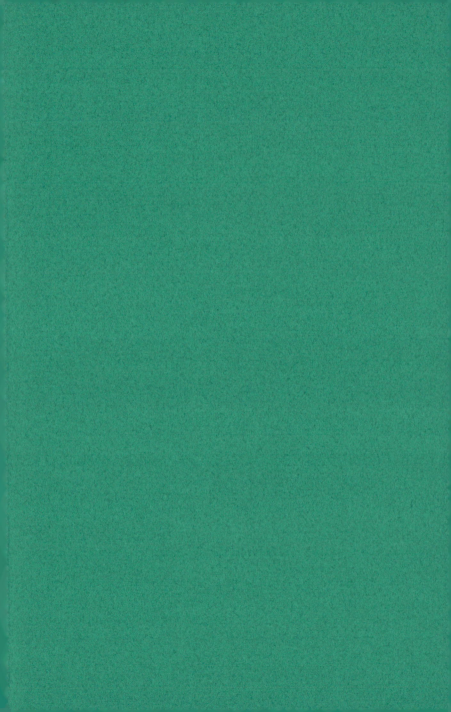